走る、歩く、登る　そして輝く命

立山登山マラニック

20周年記念

もくじ

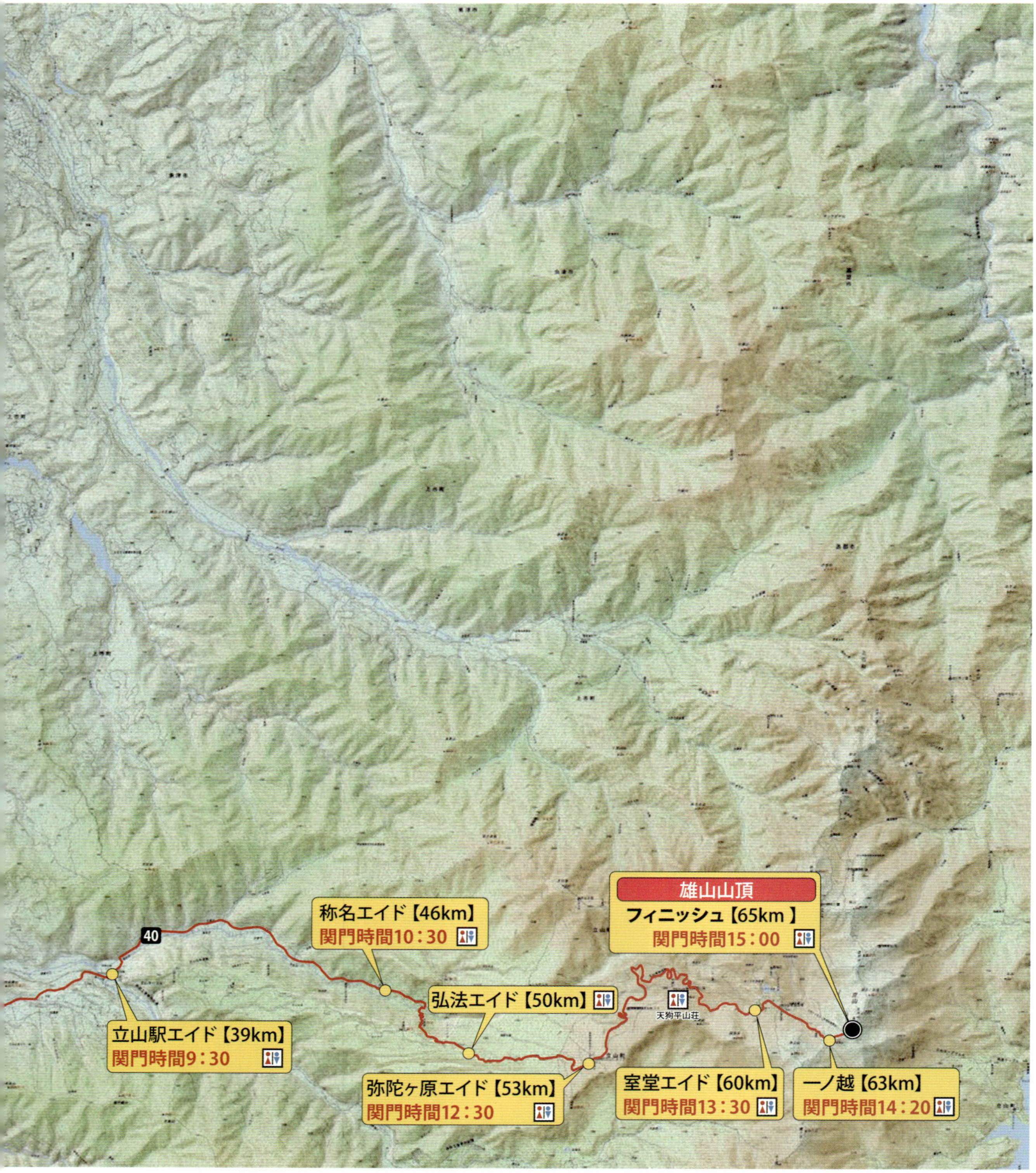

40
称名エイド【46km】
関門時間10：30
雄山山頂
フィニッシュ【65km 】
関門時間15：00
弘法エイド【50km】
天狗平山荘
立山駅エイド【39km】
関門時間9：30
弥陀ヶ原エイド【53km】
関門時間12：30
室堂エイド【60km】
関門時間13：30
一ノ越【63km】
関門時間14：20

スタート　早朝４時　浜黒崎キャンプ場　海抜０ｍ　⬇常願寺川左岸堤防上を走る
11km地点　大日橋給水ポイント　⬇常願寺川左岸堤防上を走る　5時20分頃立山連峰から朝日
20km地点　岩峅寺雄山神社エイド　標高１５０ｍ　⬇立山橋を渡り県道43号線を走る
31km地点　かすみ橋橋詰給水ポイント　標高３００ｍ　⬇かすみ橋を渡り県道６号線を走る
⬇雄山神社中宮前、風土記の丘を通って立山大橋を渡り県道43号線に入る
39km地点　立山駅エイド　標高４００ｍ　⬇県道６号線、桂台から県道１７０号線に入る
⬇傾斜がきつくなり走り続けることは困難
46km地点　称名エイド　標高９００ｍ　⬇八郎坂を登る　標高差５００ｍ
50km地点　弘法エイド　標高１４００ｍ　⬇立山黒部アルペンルート高原道路の木道を歩く
53km地点　弥陀ヶ原エイド　標高１７００ｍ　⬇立山黒部アルペンルートの高原バス道路を歩く
60km地点　室堂エイド　標高２４５０ｍ　本部テント　⬇石畳の登山道を登る
63km地点　一ノ越給水ポイント　標高２７００ｍ　⬇尾根伝いの急登山道を登る
ゴール　65km　雄山頂上　標高３００３ｍ　最短記録６時間30分

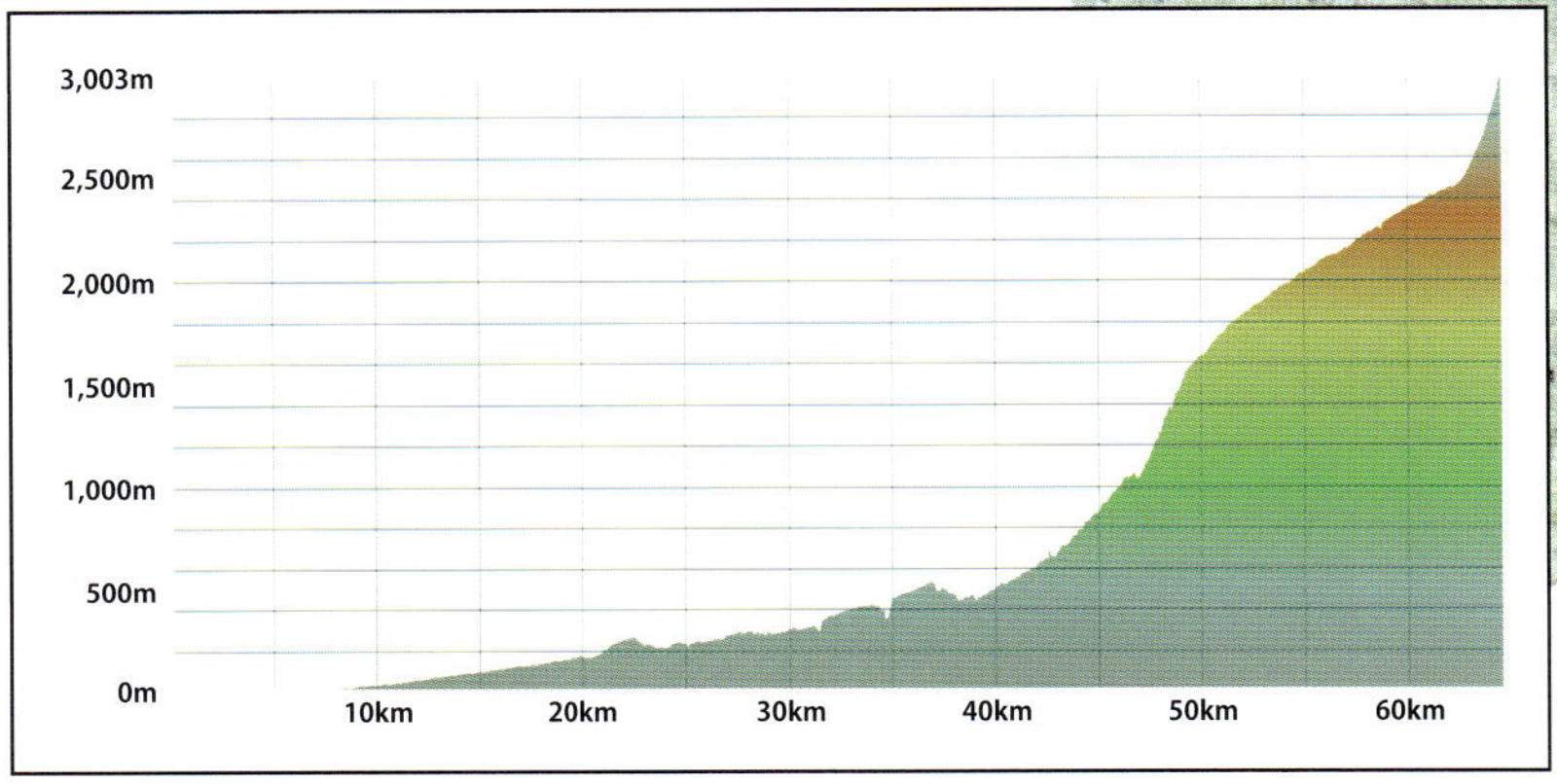

富山の大自然を舞台にロマンを求めて

人間は山の頂上にあこがれを抱きます。海には広大な夢を描き、河川には源流へとたどりたくなる探求を想います。文明が進化し、乗物が進歩して日常がスピード・利便性・効率性に支配された昨今、生身の人間の身体はどこかに隠れてしまった気がします。知らぬ間に僕らの身体感覚はマヒして生きています。原生動物、原生自然にかえりましょう。二本足だけで汗をかきつつ、海抜０ｍから３００３ｍへの頂きに向かって走り、駆け登りましょう。富山の自然にはその大舞台がありました。

１９９７年、原生自然の立山連峰を目指そうと、７人の仲間に「立山登山マラニック実行委員会結成」の声をかけました。走りの仲間３人、歩きの仲間４人、登りの仲間３人です。その企画に仲間は当初ビックリ、唖然としていましたが、冒険とロマンの魂がゆさぶられ、７人の侍で準備することになりました。行政や企業に頼らない、市民の手づくり大会を基本としたのです。

いよいよ０ｍから頂上までのコース設定となりました。どの季節にどの場所にどの時間帯になど、決めるべきことが沢山噴出しました。スタート地点は浜黒崎海岸の波打ち際です。海水に手を漬けてから出発、ゴールはもちろん富山の最高峰３００３ｍ、距離は65㎞、制限時間12時間と決めました。１９９８年正月の北日本新聞に「壮大なマラソン大会9月に開催される」と載ったのです。

仕掛け人　松原和仁

トレイルランの原点はここにあり

１９９８年9月5日、第1回大会、出場選手53名。スタッフ7名は選手以上に不安と緊張感が高まっていました。前日、スタッフは海岸の松林の中のログハウスで仮眠、午前2時に起床して受付準備に入った。午前4時、暗闇の中、うち寄せる波音を聞きながらスタート。松原が実行委員長として松明のトーチをかざしながら選手を先導します。頂上に一番で到着したのは、島根県の知野見誠司さん、所要時間7時間5分。実行委員会は当初トップの頂上到着予想を8時間とみていました。そのためゴールテープを持ったスタッフが選手より遅れてしまったのです。

毎回開催1週間前になると山の天気予報が気になりました。第3回大会は、風雨が強く気温も7℃と悪天候のため、頂上をあきらめ室堂ゴールとなりました。第6回大会も室堂ゴールに変更となりました。ところで第3回、第5回大会では全盲のランナーが0mから3003mに挑戦しました。伴走者2～3人が八郎坂や一の越から頂上への急登を押し上げたのです。

第5回大会以降、大会の特徴や魅力が口コミによって伝わっていきました。そのせいか、ランニング雑誌などでPRしなくてもよいのだと、自信がつきました。福井東尋坊鉄人会チームが15名余り、東急たまプラザSCチームが8名と、常連のランニングチームの参加が目立ってきたのです。

41名の参加選手から寄稿をいただきました思い出のメッセージは、順序位置不同で掲載しています。

第1回　1998年9月5日（土）快晴

参加者54名、雄山頂上ゴール51名、知野見誠司が7時間5分でトップゴール。

若穂井勉　選手　愛知県

第1回大会、寝苦しい2段ベッドで朝を迎え暗い河川敷の水溜りを避け、遮る木陰の無い炎天下の下、雄大な自然を相手に負けそうになる気持ちを多くの方の声援に背中を押してもらい雄山頂上に立つことが出来た感動が、昨日のように思い出されます。

藤村宏幸　選手　富山県

もはや20回も続いた大会とは、今更ながら驚きですが、そのうち前半の11回までも走らせて戴いたことに感謝します。不安と期待で参加した第1回大会は、ゼッケン番号1番を貰っての参加でしたので、強烈な思い出として心に今も残っております。

高場喜光　選手　神奈川県

滑川市で生まれ育った自分には、立山は故郷の山、はなたれ小僧の子供に戻って走りました。幾度も訪れ眺めた車窓からの景色の中を、走れる幸せ。第1回大会のスタート前の集合写真、みんなの笑顔が光っています。第2回参加賞の雨晴海岸からの立山連邦の写真、弥陀ヶ原エイドでのスナップ、山頂での知り合いとの写真は、今もパネルにして部屋に飾っています。

磯村富也　選手　山口県

第1回大会に出場、63歳、53名中51名が完走しました。後ろから2～3番目位でゴールしたと記憶しています。一ノ越からの最後の登りで、ゴールして下ってくる人達のエールに励まされて11時間5分でゴールしました。大パノラマの景色を満喫し、至福感一杯で下山しました。今度はウォークの部で頂上を目指します。

事務局と富山県の動き

1997年

- 1月　島根県沖でロシアタンカーが沈没、重油が富山湾流入の危機
- 2月　らいちょうバレー雪の祭典
- 3月　さようなら!!富山市公会堂
- 5月　元関脇琴ケ梅が引退
- 5月　立山山麓グリーンドキュメント
- 5月　スウェーデン国王夫妻来県
- 7月　アジア環境国際フォーラム
- 7月　富山県イメージアップ賞授賞式
- 8月　大山町で発見された小型恐竜の化石群に「トヤマサウリプス」と命名
- 9月　おわら投石事件発生
- 9月　桜町遺跡から日本最古縄文中期の柱材が出土
- 10月　瑞龍寺の仏殿・法堂・山門が県内初の国宝に指定
- 10月　第13回富山県育樹祭、高円宮同妃両殿下ご来県
- 11月　**松原和仁の計画第一声**
- 12月　中部縦貫自動車道安房トンネル開通
- 12月　**松原和仁、田村哲朗、小泉宗政など、仲間7人で「立山登山マラニック実行委員会」を立ち上げ**
- 年末　**浅井修平、有岡宗夫らが参加を表明**

世界日本の出来事とスポーツ

1997年

- 2月　**日本山岳耐久レース長谷川恒男カップ第4回、71km、累積標高４５８２ｍ、東京都奥多摩**
- 3月　秋田新幹線「こまち」開業
- 3月　**サハラマラソン第12回、２３０km、モロッコ南部サハラ砂漠**
- 4月　消費税3％から5％に引上
- 4月　タイガー・ウッズが史上最年少の21歳でマスターズトーナメント初優勝
- 6月　イチローが２０９打席無三振のプロ野球記録を達成
- 6月　**ウェスタンステイツ・エンデュランスラン第21回、１６１km、累積標高1万２５００ｍ、アメリカ合衆国カリフォルニア州**
- 7月　香港、イギリスから中国に返還
- 7月　**富士登山競争第50回、21km、山梨県富士吉田市**
- 8月　ダイアナ元イギリス皇太子妃交通事故で死去
- 10月　長野新幹線開業
- 10月　**孤島レユニオン１００マイルレース第5回、１６４km、累積標高９９１７ｍ、南インド洋フランス領レユニオン島**
- 11月　サッカー日本代表がイランに勝ちW杯初出場を決める

大浦常雄　選手　富山県

第1回立山登山マラニック大会に参加しました。坂道を走るため肘を振り子のように振って前に進むことを意識し、草花や景色を見ながら走りました。完走ができたのはランナー、沿道、ボランティアの人々の応援の御陰です。感謝します。

砂子田和枝　ボランティア

1回目の感動が忘れられず、少しでも選手の皆さんの気持ちに寄り添えればと思いながら第17回まで、「毎年称名エイド」で「そうめん」と「おしるこ」を作りました。年1回のこの大会はたくさんの出会いと思い出を与えてくれました。ありがとうございました。

千場久子　ボランティア

第1回大会の時、ザックに梨をたくさん入れて八郎坂を登り、滝見台で必死に梨の皮を剥きました。選手の皆さんが美味しいと言ってまた元気に八郎坂を登って行くのを見て、重かったけれど持って来て良かったと思いました。

第2回　1999年9月4日（土）曇り

参加者88名、谷口暁が6時間56分でトップゴール。

水井悦子　ボランティア

第2回目より称名エードでボランティアとして参加しました。山登りの入口のため、エネルギー補給ができればと、お汁粉とソーメンを用意したら好評を得て、エード毎の名物ができました。寒いとお汁粉が足りなくなったり、暑いとソーメンが足りない等、天候で売れゆきは違ったものの、「楽しみにして頑張って来た」という言葉がうれしかったことが思い出されます。

1998年

1月　**北日本新聞に開催予定を掲載**
1月　**第2回実行委員会を喫茶店「街かど」で開催**
5月　氷見市島尾の松田江浜が日本の海水浴場55選に認定
6月　小中学校の給食牛乳で多くの児童生徒が集団食中毒
6月　富山―大連国際定期便就航
7月　**第1回大会参加者受付締切り**
7月　氷見市で柳田布尾山古墳発見、日本海側最大
8月　**タイムスケジュール完成**
8月　**コースの下見を実施**
8月　常陸宮ご夫妻を迎えて第40回自然公園大会開催
8月　富山商が甲子園で2回戦に進出
9月　**5日　第1回　参加者54名　快晴の雄山頂上ゴール51名**
11月　魚津市で手製銃銀行強盗発生
12月　**BBT富山テレビで放映**
12月　**NHK全国テレビで放映**

1999年

2月　消費拡大を狙った地域振興券の交付開始
4月　県議会議員選挙で32年ぶりに女性議員誕生
6月　大山町で「恐竜の歯」の化石発見

1998年

2月　長野冬季オリンピック開幕
2月　郵便番号が5桁から7桁に
3月　スピードスケート500mで清水宏保が34秒82の世界新記録
4月　明石海峡大橋開通
5月　若乃花が横綱昇進、初の兄弟横綱が誕生
5月　「タイタニック」の配給収入が「もののけ姫」を更新
6月　サッカーW杯フランス大会に日本初出場、3戦全敗
7月　日本初の火星探査機「のぞみ」が打ち上げに成功
8月　横浜高が甲子園優勝、投手松坂大輔は決勝戦でノーヒットノーランを達成
8月　北朝鮮が新型弾道ミサイルテポドンを発射、三陸沖に落下
11月　国際宇宙ステーションの建設開始
12月　**高橋尚子がアジア大会女子マラソンで優勝、日本新記録**

1999年

4月　東京都知事選に石原慎太郎が初当選
4月　選抜高校野球で沖縄尚学が沖縄県勢として初優勝
7月　**北丹沢12時間山岳耐久レース第1回、44㎞、標高差1**

藤田泰三　選手　福岡県

何度来ても新鮮！　高原道路を歩きながら色々なことが頭から抜けて行く、先程まで限界を訴えていた身体がどんどん軽くなっていきます。周りの景色が小さなことなど関係ないと勇気をくれます。さらにエイドでは笑顔と元気をもらえて最高！　行くきゃないでしょ頂きへ！

第3回　２０００年９月２日（土）風雨

参加者１２４名、荒天気で視界10ｍのためゴールを室堂（標高２４５０ｍ）に変更。全盲ランナー宮本武出場。

北靖彦　選手　福井県

初めてのチャレンジはどしゃ降りであまりの寒さに我慢が出来ず弥陀ヶ原で棄権しました。２度目は室堂に着いたとき、17分足りず関門でアウトでした。３度目の正直、関門にはまだまだ余裕、しかし室堂が見えたとき、自然と涙があふれ大泣きしました。この経験は今でも忘れられない私の宝です。立山登山マラニック万歳！

成田和博　選手　京都

名前を呼ぶ声援は心地良くしてくれました。こんなところまで来てしまったと自然と涙がこぼれます。どこから来たのと聞かれ、海の方角を指すのです。岩間の濁流を登るのは、とても寒かったです。奥さんが待つゴールで涙を流す夫婦は印象的でした。立山の思い出は一杯です。

7月　桜町遺跡から国内最古の高床屋根発見
8月　新湊高が夏の甲子園4度目の出場で初勝利
9月　**4日　第2回　参加者88名**
9月　台風16号の影響により富山湾沿岸に大量の流木漂着
9月　北陸銀行が公的資金による資本注入を申請

２０００年

1月　富山第一が全国高校サッカーで3位
7月　衆院議長に綿貫民輔選出、県から初の衆院議長就任
8月　真夏日が37日続くなど、記録ずくめの暑さ
9月　**2日　第3回　参加者124名　荒天のため室堂ゴール**
9月　小杉町出身の柳沢敦選手がシドニー五輪に出場
10月　中沖豊知事が県政史上最多の6選
10月　両陛下が即位後初めて来県、とやま国体をご観戦
10月　とやま国体秋季大会開催、県勢が男女総合初V
10月　きらりんぴっく富山開催
11月　大山町で草食恐竜の足跡化石を国内初発見
12月　北陸新幹線長野―富山間のフル規格整備が決定

１４３ｍ、神奈川県相模原市緑区青根
9月　高倉健が「鉄道員」でモントリオール国際映画祭主演男優賞を日本人初受賞
10月　**シカゴマラソンでハリド・ハヌーシが2時間5分42秒の世界最高記録を樹立**
12月　ミレニアムのカウントダウンを世界各地で開催

２０００年

3月　米大リーグの公式開幕戦を日本で初開催
3月　ロシア大統領選挙でプーチンが初当選
4月　介護保険制度開始
5月　西鉄高速バスを17歳の少年がバスジャック
6月　韓国と北朝鮮、初の南北元首直接会談を開催
7月　二千円札発行
7月　タイガー・ウッズがゴルフ全英オープンで初優勝、4大大会完全制覇を達成
9月　三宅島の火山活動活発化、全島民に避難指示発令
9月　**シドニー夏季オリンピック開幕、高橋尚子が陸上競技日本女子初の金メダル**
11月　イチローが米大リーグのシアトル・マリナーズ入団
12月　BSデジタル放送開始
12月　チェルノブイリ原発閉鎖

第4回　2001年9月8日（土）晴れ

参加者125名、最高齢桜井光雄74歳が4年ぶりに出場するも完走できず。第1回大会では11時間24分で完走。

南部功　選手　滋賀県

海抜0mから3003mへという壮大なスケールで日本の代表的山岳景観の立山を一気に駆け登る、アフターランは至福の雲上温泉、皆との打ち上げで大いなる達成感…、大会は魅力に満ち溢れ、私の山とランの原点はここにあるのです！

本田倫夫　選手　福井県

スタート後、常願寺川から眺める立山は、遥か彼方でした。各エイドでの、おもてなしや大自然の迫力に感動しながら、頂上に辿り着くことが出来ました。また、大会翌日浜黒崎まで走って戻ったことも、思い出深いものとなっています。

第5回　2002年9月7日（土）曇り

参加者163名、大利朋之が7時間25分でトップゴール。全盲ランナー向地憲志が山頂ゴールを果たす。冊子『立山登山マラニック』を桂書房から出版。

遠野智也　選手　宮城県

スタート前富山湾の水で手を清め、海抜0mの篝火の焚かれた陣地から武士（もののふ）の如きランナーが松明の先導で送り出され出陣するという感動で始まります。他の大会では決して体験できないような一日（12時間以内）でフルマラソン、クロスカントリー、山岳登攀レースを状況・環境が激的に変化する途中コースを経て、何故か多くのランナーを感涙でゴールさせ

2001年

1月　県東部を中心に大雪、15年ぶりに特急がすべて運休

1月　全国高校サッカーで富山第一がベスト4

5月　第1回富山県障害者スポーツ大会開催

5月　北陸新幹線上越―富山間の起工式

6月　富山大で入試採点ミス隠しが発覚

8月　滑川高が45年ぶり2度目の甲子園出場

9月　8日　第4回　参加者125名

9月　県警の覚せい剤事件もみ消しが発覚

10月　狂牛病問題で全頭検査実施

10月　北陸銀行が過去最大の赤字

2002年

3月　準大手ゼネコンの佐藤工業が経営破たん、県内経済に深刻な影響

3月　小谷部市の工事現場から約1300枚の小判や金貨発見

4月　映画「釣りバカ日誌13」の県内ロケ実施

6月　日韓共同開催のサッカーW杯で小杉町出身の柳沢敦が大活躍

2001年

1月　ジョージ・W・ブッシュが米大統領に就任

3月　サッカーくじ「toto」が発売開始

4月　小泉純一郎が自民党総裁選で圧勝

7月　世界水泳シンクロデュエットで立花・武田組が日本初の金メダル

9月　アメリカ同時多発テロ発生

9月　高橋尚子、ベルリンマラソンで2時間19分46秒の世界新記録樹立

9月　東京ディズニーシー開園

12月　皇太子妃雅子様、敬宮愛子様をご出産

12月　マリナーズのイチローが新人王、ゴールデングラブ賞、MVPを獲得

2002年

1月　EU共通通貨「ユーロ」が流通開始

2月　ソルトレークシティ冬季オリンピック開幕

4月　「ゆとり教育」スタート、公立学校完全週5日制導入

5月　ゴルフの松山茂樹が日本人初のPGAツアー2勝目

5月　第17回サッカーW杯を日本と韓国で共催、日本は初のベスト16

9月　小泉首相が初の訪朝で金正日総書記と会談

るという全国でも稀有な大会だと思います。

大利朋之　選手　富山県

「海抜０ｍ～立山へ」私にとってこれ程魅力的な大会は他にありません。これまで15回挑戦させていただきました。立山の偉大さ、厳しさを感じるとともに、多くの方に支えられ立山を目指す人間の力強さをいつも感じています。

豊本珠恵　選手　富山県

初挑戦の年、山頂で待っていてくれた家族と共に感動のゴールを果たし、すっかりマラニックに魅了されました。達成感と爽快感、感動の余韻に浸り観た大パノラマ、生きている実感がこみ上げてくるひと時でした。８年連続の参加も自分の勲章です。一生心に残る素晴らしい思い出をありがとうございました。

第6回　２００３年９月６日（土）雨

参加者２２１名。ウオークの部（30ｋｍ）を新設、マラニック71名、ウオーク50名。荒天でゴールを室堂（標高２４５０ｍ）に変更。

有吉寿樹　選手　神奈川県

浜黒崎海岸の波音と実行委員長の松明の先導、ボランティアの皆さんとの語らい、これらが室堂＆立山山頂へ到達できた時の感動を増すのです。ウダイカンバの皮で作った松明は雨に濡れてもよく燃えていました。雷鳥荘６畳４名の密な雑魚寝が思い出をさらに深めています。

松井夕美　選手　熊本県

室堂エイド…雨で冷え寒い、防寒具を取りたいが荷物のところへ行きかじかんだ手で取り出す、大変なことに思えます。どうしよう、スタッフの方が一緒に行き取り出してくれました。目が熱くなりました。心も温かくなり前に進むことができたのです。

- 8月　**7日　第5回　参加者１６３名**
- 9月　北陸最大級のショッピングセンター、イオン高岡開店
- 10月　島津製作所主任の田中耕一が県人初のノーベ化学賞受賞
- 11月　東海北陸自動車道五箇山―白川郷が開通

２００３年

- 3月　ノーベル化学賞受賞の田中耕一に名誉県民・富山市名誉市民の称号
- 5月　北陸銀行と北海道銀行が経営統合へ
- 6月　J1鹿島の柳沢敦がイタリア1部リーグへ移籍
- 6月　富山港沖に16日間にわたって北朝鮮貨物船が停泊
- 8月　富山商が甲子園で初戦突破
- 9月　**6日　第6回　参加者２２１名　ウオークの部を新設、荒天のため室堂ゴール**
- 11月　「おれおれ詐欺」の被害が県内で続発
- 12月　三協アルミと立山アルミが経営統合

- 10月　日本人拉致被害者5人が北朝鮮から帰国
- 12月　松井秀喜が米大リーグのニューヨークヤンキースに入団決定
- 12月　世界ゴルフ選手権で日本チーム（伊沢利光・丸山茂樹）が45年ぶり2度目の優勝

２００３年

- 1月　朝青龍が横綱に昇進
- 2月　**トランスグランカナリア第1回、125㎞、スペイン・グランカナリヤ島**
- 3月　イラク戦争開始
- 3月　「千と千尋の神隠し」が米アカデミー賞長編アニメーション賞受賞
- 4月　日本郵政公社発足
- 7月　北島康介が世界水泳選手権100ｍと200ｍの平泳ぎで世界新達成
- 8月　**パリ開催の世界陸上で、女子マラソン野口みずきが銀、千葉真子が銅メダル**
- 9月　田村亮子が柔道の世界選手権で6連覇を達成
- 9月　星野仙一率いる阪神、18年ぶりにセ・リーグ優勝
- 9月　女子ゴルフの宮里藍が18歳3カ月の史上最年少でツアー優勝
- 10月　東海道新幹線品川駅開業
- 12月　地上デジタル放送開始

第7回　2004年8月28日（土）晴れ

参加者231名、マラニック180名、ウォーク51名。大利朋之と肥田嘉之がトップ同時ゴール。

久湊勝己　スタッフ

スタッフとして一番気をつかったのは安全第一、重大な事故、死者を出さないことにありました。私の担当は称名坂から弘法エイドでした。最初の頃は、チェックポイント未通過や行方不明者が出るなど大会運営上いろいろ問題がありましたが、幾度となく話し合いを重ねて、運営がスムーズになってきました。選手が雷鳥荘に戻るまでは、気の抜けない大会でした。

鈴木邦雄　選手　神奈川県

晴れの時・雨の時。いつも支えてくれたのは大自然とボランティアさん。「頑張ってくださ～い！」この声で何度元気が出たことだったでしょう！　子供さんだったボランティアさんが立派なお嬢さんになって再会、参加したことを誇りに思う大会です。

第8回　2005年8月27日（土）曇り

参加者250名、マラニック198名、ウォーク52名。高橋裕行が6時間30分でトップゴール、最高タイム記録。

澤井茂樹　選手　富山県

第8回から参加している私の大好きな大会です。辛い時、苦しい時にエイド、スタッフの励まし、温かい応援に助けられました。雄山頂上にゴールした時の感動、達成感は何ものにも代えがたいものがあります。悪天候のため、山頂でストーブに暖まったこと、霧で視界が悪く2回連続室堂ゴールの思い出があります。人は大自然には敵いませんが、自分の体力が続く限り、今後もチャレンジしたいと思います。

谷田賢二　選手　富山県

夏になると幾度も立山へランニングに出かけます。夏の立山は雨の日が涼しくて最高に心地良いのです。本番の立山登山マラニックを、もちろん晴天の雄山頂上にゴールしたいです。

2004年

- 3月　高岡駅前に「ウイング・ウイング高岡」完成
- 6月　県山岳連盟遠征隊がマッキンリー登頂に成功
- 8月　アテネ五輪に県選手7人が出場
- 8月　甲子園で富山商主将が選手宣誓、チームも初戦突破
- 8月　猛暑で真夏日連続22日を記録
- **8月28日　第7回　参加者231名**
- 10月　県内で地上デジタル放送の本格開始
- 10月　県知事選で石井隆一が当選
- 10月　台風23号が県内でも記録的な猛威
- 11月　平成の大合併で県内トップを切って新・砺波市と南砺市が始動
- 11月　6期24年間県知事を務めた中沖豊が退任

2005年

- 4月　富山地域7市町村が合併し新・富山市が誕生
- 4月　県内唯一の私立中学校「片山学園中学校」が開校
- 6月　北陸新幹線富山─金沢間起工、県内全区間で工事着手
- 6月　サッカー日本代表W杯出場決定、柳沢敦が活躍
- 7月　人間国宝に高岡市の鋳金作家大澤光民

2004年

- 1月　イラクへ陸上自衛隊を派遣
- 5月　裁判員制度成立
- 8月　日本がサッカーアジア杯連覇
- 8月　アテネ夏季オリンピック開幕、日本は史上最多37個のメダルを獲得
- 8月　駒大苫小牧高が夏の甲子園で北海道勢として初優勝
- 10月　イチローが大リーグ年間最多安打記録を更新
- 10月　新潟県中越地震発生
- 11月　20年ぶりの新札発行、千円札は野口英世、五千円札は樋口一葉に
- 12月　「オレオレ詐欺」多様化、「振り込め詐欺」と命名

2005年

- 2月　温暖化防止の京都議定書が発効
- 2月　中部国際空港が開港
- 7月　野口聡一がスペースシャトルで宇宙へ
- 8月　参議院で郵政民営化法案が否決、小泉首相が衆院解散
- 9月　総選挙で自民党が圧勝し、小泉劇場として注目
- **9月　野口みずきがベルリンマラソンでアジア新記録を樹立**
- 10月　ディープインパクトが無敗の三冠馬に
- 10月　ゴルフの日本女子オープンで宮里藍が史上最年少優勝

こぼれ話①　いつのまにかエッセイ集ができていました

第17回までのエントリー申込書にコメント記載欄がありました。200字程度の作文欄です。回を重ねるごとにこの欄の重要度が増していきました。自己アピールをいかにするか、主催者の意図を汲んでいるか、フリースタイルなので、別紙をつけて長々と自己PRをする人もありました。申込書の入った封筒を最初に開封しナンバリングするのは、事務局である元実行委員長の妻でした。その際赤ボールペンでチェックが入ります。気になるポイントの指摘です。そのことが、出場選手の最終選考の判断を助けることとなりました。

第9回　2006年8月26日（土）　曇り

参加者251名、マラニック200名、ウオーク51名。完走パーティーを兼ねて雷鳥荘を貸切り。

保田泰正　選手　富山県

第9回〜10回大会と2年連続で出場させて頂き、2回共に快晴に恵まれ頂上まで完走出来ました。称名滝手前の急坂や八郎坂、一ノ越から頂上までの苦しい思いも今では良き思い出となっておりますし、最後まで頑張ったことでその後の人生にも諦めず目標をもっていくことの大切さを教えられました。これからも当時味わった達成感、充実感、満足感を忘れることなく何事にも挑戦したいものです。

垣下隆子　ボランティア

八郎坂を駆け上ってくるランナーに弘法エイドは冷やしたゼリー・梨・レモン水等を提供、準備が整う間もなく、ランナーの生き生きとした姿に感動とパワーをいただきました。私たちの声援に「ありがとう、頑張って行ってきます」の応答に心が和みます。人との出会い、ボランティアに参加でき楽しい日であったことに感謝いたします。

7月　アスベストによる不安が県内でも拡大
8月　新たな政党「国民新党」代表に綿貫民輔が就任
8月　27日　第8回　参加者250名
10月　新・富山大学が誕生
10月　富山―上海の航空便が就航
11月　新・高岡市、射水市が誕生

2006年

3月　新・黒部市が誕生
3月　西武富山店が閉店
4月　次世代型路面電車システム富山ライトレールが開業
6月　立山山麓トレイルラン第1回、ロングコース21㎞、大山町大山観光開発
6月　サッカーW杯ドイツ大会に柳沢敦が2大会連続出場
8月　26日　第9回　参加者251名　雷鳥荘で完走パーティー
8月　福岡高は初の甲子園出場
9月　長勢甚遠衆院議員が法務大臣に就任、県内16年ぶり
10月　県内の高校で必修科目の未履修が発覚
10月　富山市の男子小学生が特許取得、小学生として全国初
11月　第1回「越中富山ふるさとチャレンジ」開催、303人が合格
12月　第1回「美の祭典 越中アートフェスタ」開催

11月　加藤条治がスピードスケートの男子500mで世界新記録を樹立
12月　フィギュアスケートGPファイナルで15歳の浅田真央が初優勝

2006年

2月　トリノ冬季オリンピックでフィギュアスケートの荒川静香が金メダル
2月　丸亀ハーフマラソンで福士加代子がアジア記録を更新
3月　第1回WBCで王貞治率いる日本が初代世界一に
4月　天女の羽衣伝説ウルトラマラソン第1回、71㎞、滋賀県長浜市
4月　阪神の金本知憲が904試合連続フル出場の世界新記録
4月　ゴルフの不動裕理が史上最年少で40勝を達成
8月　東海大学K2登山隊が登頂に成功、日本人女性初の登頂と世界最年少登頂を達成
8月　WBAライトフライ級の亀田興毅が世界王座獲得
8月　緊急地震速報を運用開始
9月　第1次安倍内閣成立、初の戦後生まれの首相
9月　世界レスリング選手権で吉田沙保里が1国際大会100連勝達成
11月　東京国際女子マラソンで土佐礼子が初優勝

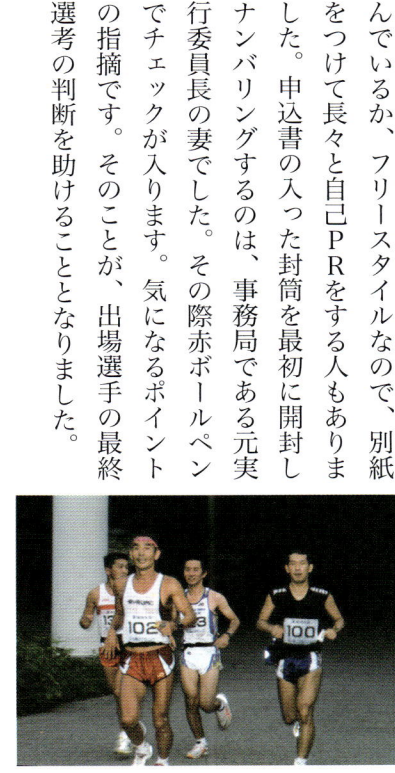

苦難の道もありました

第10回大会ではエントリー選手は２５０名となり、第10回記念として、優勝選手と抽選の選手1名をマレーシア・キナバル山の登山競争に派遣しました。優勝した高瀬裕行選手は自衛隊からスカウトされ、富士登山駅伝チームの有力メンバーへと成長しました。

その後、第11回大会より苦難の大会が続くことになりました。第11回大会は、頂上付近の天候急変により選手2名が低体温症状で動けなくなり、山岳警備隊に救助を要請することになりました。第12回大会、早朝のスタートから雨が降りやまず、36km地点の立山駅前で中止としました。選手は山岳地帯まで行けず残念無念の思いでした。第13回大会は室堂ゴール。第16回大会は前日からの集中豪雨が続き、立山アルペンルートの通行止めと重なり、大会は全面的に中止となりました。

暑い8月下旬の開催とはいえ、自然の変化と厳しさを思い知らされました。山の自然との闘いは、人間の小ささと大自然への畏敬の念を抱かせることとなりました。

2007年

3月　能登半島地震が発生、富山氷見などで震度5弱

4月　プロ野球独立リーグ北信越BCリーグが開幕

5月　氷見市民病院が公設民営化への移行が決定

8月　桜井高が17年ぶりに甲子園へ出場

8月　富山市で猛暑日が14日、過去最多を記録

8月　25日　第10回　参加者２８２名

9月　富山市に「総曲輪フェリオ」オープン、中心街のにぎわい復活

11月　県民サッカークラブ「カターレ富山」が誕生へ

2007年

1月　台湾高速鉄道開業、日本の新幹線技術を初輸出

1月　防衛省発足

1月　宮崎県知事にタレントの東国原英夫が当選

2月　東京マラソン初開催、日本人最高は2位の佐藤智之

3月　フィギュアスケート世界選手権で高橋大輔が銀メダル

5月　男子ゴルフツアーで15歳の石川遼が最年少優勝

7月　イチローが大リーグオールスター戦で日本選手初のMVP

7月　参院選で民主党が圧勝、自民党は歴史的敗退

8月　世界陸上が16年ぶりに日本で開催、女子マラソンの土佐礼子が銅メダル

9月　福田康夫内閣成立

9月　日本初のフットサル全国リーグ・Fリーグが開幕

9月　30年ぶりにF1日本グランプリ開催

10月　郵政民営化がスタート

10月　マレーシアキナバル山登山競争第21回、ローズピーク山頂４０９５mを往復、32km、標高差２２２９m、マレーシアボルネオ島世界遺産サバ公園キナバル山

11月　プロ野球中日が53年ぶりの日本一に

第10回　2007年8月25日（土）晴れ

参加者282名、マラニック232名、ウオーク50名。10回記念としてトップゴールの高瀬裕行と抽選選手の西原斗司男2名をマレーシアのキナバル山登山競争に派遣。『10周年の思い出文集』を作成。

宮島隆幸　選手　富山県

立山登山マラニックという言葉を目に耳にするだけで熱くなります。憧れの大会に第10回大会で初完走し、第17回大会では大会存続へ向けて実行委員長として全力を尽くしました。青春全開、すべての出会いにありがとう！

寒川陽子　選手　京都市

第10回大会以降、この大会をもって自分の夏の終わりを迎えるようになりました。毎回ゴール後の頂上雄山神社では目から出る水の処理に困り頭を垂れますが、もはや不治の症状のようです。次の大会の出会いと発見を毎年楽しみにしています。

西原斗司男　選手　兵庫県

立山マラニック、20回開催おめでとうございます。この大会を通じて、主催者の松原和仁様をはじめ多くの仲間を得ることができました。幸いにも、第10回記念大会でマレーシア・キナバル登山競争出場が当たり、その後の人生観や活動範囲に広がりができたような気持ちがします。本当にありがとうございました。

高瀬裕行　選手　富山県

過去3度出場して3回とも1位でゴールすることができましたが、特に印象に残っているのは第10回で1位になり、マレーシアで行われているキナバル山クライマソンに招待で出場させていただけたことです。第10回大会のマラニックのゴールがとても晴れていたこともあり、強く記憶に残る出来事になりました。

2008年

3月　JR高山線の新駅「婦中鵜坂駅」誕生
4月　スーパーなどで全国初のレジ袋一斉有料化が開始
4月　日展100年展開催、約6万人を魅了
7月　東海北陸自動車道が全線開通
8月　高岡商が21年ぶり甲子園勝利
8月　北京オリンピックで県勢が活躍、競歩の山崎勇喜が男子50kmで7位入賞
8月　30日　第11回　参加者296名
山頂付近の天候が急変、県警山岳救助隊による救助2名
10月　魚津水族館を訪れ研究していた下村脩ボストン大名誉教授がノーベル化学賞受賞
10月　富山サンダーバーズがBCリーグ初制覇
12月　JFLのカターレ富山がJ2へ昇格決定、発足1年目でJリーグ入り

2008年

2月　錦織圭が男子テニスツアーで優勝
3月　女子テニスのクルム伊達公子が12年ぶりに現役復帰
5月　中国四川省でM8・0の大地震発生
5月　火星探査機フェニックスが北極域へ初着陸
5月　ウサイン・ボルトが男子100mで世界新記録を樹立
7月　ソフトバンクからiPhone発売
7月　日米通算201勝をあげた野茂英雄が引退
8月　北京オリンピック開幕、女子ソフトボール、競泳の北島康介の2大会連続2冠を含む金メダル9個獲得
9月　スカイラントレイル菅平第1回、スカイマラソン50km、長野県上田市菅平高原
9月　ベルリンマラソンでハイレ・ゲブレセラシャが人類史上初めて2時間4分を切る
9月　麻生太郎内閣成立
11月　クルム伊達公子が全日本選手権で16年ぶり優勝
11月　米大統選でバラク・オバマが当選、米史上初のアフリカ系大統領誕生
12月　東京の日比谷公園に「年越し派遣村」開設

第11回　2008年8月30日（土）雨

参加者296名、マラニック233名、ウオーク63名。寒波襲来によって山頂付近の天候が急変し、選手2名が低体温となり、富山県警山岳救助隊に救助要請。

二椙典子　ボランティア

おそろいのバンダナを結び、選手名簿を手に、称名エイドで私達はワクワクしながら選手達を待ちました。手前で待つ係がランナーのゼッケンを「〇番！」と叫ぶと、私たちは素早く名簿を見て「〇〇さん!!」と選手の名前を大声で呼び、拍手で迎えます。思い出すと今でもあの時のワクワク感がよみがえってきます。

安井之彦　選手　神奈川県

第11回大会参加賞の帽子は魔法の帽子です。勝負のときにこの帽子をかぶると…富士登山競走完走！　あるとき「それをかぶっている人に悪い人はいない」と言われて、なるほど、立山の優美さ峻厳さを宿していることに相当、まさにこの大会はマジックだと思うのです。

こぼれ話②　富山テレビが20年連続して番組を放映

富山テレビ（BBT）が20年連続して50分間のスペシャル番組を制作しています。まさに長寿番組であり、立山登山マラニック実行委員会としては感謝のかぎりです。なぜ続いているのか？　BBTが実行委員会に放映料を払っているからでしょうか、逆に実行委員会がBBTにスポンサー料を払っているからでしょうか。いや、決してそうではないのです。その答えは、選手のランニングを通して、その人生や生き方に焦点を当て、視聴者をくぎづけにするから、また選手とボランティアとの交流・つながり・絆を深めているから、放映する意義があるのでしょう。

2009年

2月　高岡市出身の映画監督滝田洋二郎が「おくりびと」でアカデミー賞外国語映画賞を受賞
3月　ミシュランの三つ星観光地に五箇山
3月　高速道路1000円乗り放題で交通量が36％増加
5月　カヌーW杯で北本忍が優勝　スプリントのW杯での日本人優勝は初めて
5月　黒部市にトキが飛来
6月　県内で撮影した映画「点の記」が公開、県内で15万人が鑑賞
8月　衆院選で民主党が圧勝、県内では自民が優勢
8月　29日　第12回　参加者273名　山間地が寒波のため立山駅で競技中止
9月　高岡開町400年、利長公入城大行進を実施
10月　北陸新幹線の工事認可
10月　県内初の裁判員裁判を実施
12月　J2に初参戦したカターレ富山が13位でシーズンを終了

2009年

1月　**箱根駅伝で東洋大が往路・復路を制し初優勝**
2月　米アカデミー賞で「おくりびと」が外国語映画賞受賞
2月　タラウェラ・ウルトラマラソン第1回、102km、ニュージーランド
3月　第2回WBCで日本が2大会連続の優勝
5月　裁判員制度スタート
6月　歌手のマイケル・ジャクソン急死
7月　宮里藍が米ツアーで初優勝
8月　ウサイン・ボルトが世界選手権男子100m決勝で9秒58の世界記録樹立
8月　失業率が最悪の5・7%
8月　衆院選で民主党が大勝し政権交代へ
9月　イチローが大リーグ200本安打と史上初の9年連続200本安打達成
9月　**OSJ王滝ダートマラソン42km&20km第1回、長野県木曽郡王滝村**
9月　鳩山由紀夫内閣発足
11月　横綱白鵬が年間最多勝記録の85勝達成
11月　亀田興毅がWBCフライ級世界戦で内藤大助を下し2階級制覇

第12回　2009年8月29日（土）雨

参加者273名、マラニック219名、ウオーク54名。早朝から雨が継続、山間地が寒波のため39㎞地点の立山駅で競技を中止。

趙　喜珠　選手　神奈川県

「あっ！いらっしゃい横浜のちょうさん」と笑顔で迎えられる浜黒崎海岸。翌日の道のりは称名エイドのそうめんにはじまり羊羹抹茶あんぱんおかゆ…にひっぱられて全完歩。たまプラSRCメンバーの10年間、本当にお世話になりました。再チャレンジをひそかに誓い…。

西出憲榮　選手　福井県

立山登山マラニック大会は幾度も挑戦しましたが、優しく迎えられた時、厳しく跳ねつけられた時、身も心も鍛えてくれました。立山の雄大さは人間を成長させ何かを教えてくれます。空の蒼さと雨風雷は忘れません。

第13回　2010年8月28日（土）晴れ

参加者290名、マラニック234名、ウオーク56名。残暑厳しい頂上ゴール。高地のエイドにても選手から氷の要請あり。

今村吉延　選手　富山県

13回大会に初挑戦、無事完走しました。20回記念大回は久しぶりに本戦に参加。挑戦心が再熱、体調回復しました。好天下の大自然、応援協力してくれる家族、大会に関わるすべての人達、20回の歴史の重みに、すべてに感謝します。

2010年

1月　「アバター」の全世界興行収入が「タイタニック」を抜き史上最高額を記録
2月　バンクーバー冬季オリンピック開幕、フィギュアスケートの浅田真央が銀、高橋大輔が銅
2月　東京マラソンで藤原正和が日本人初優勝
3月　平成の大合併終結、市町村数半減へ
4月　殺人の公訴時効廃止
5月　もんじゅが14年半ぶりに運転を再開
5月　米アップル製タブレットのiPadが日本初上陸
6月　菅直人内閣成立
6月　小惑星探査機「はやぶさ」が7年ぶりに日本へ帰還
6月　サッカーW杯南アフリカ大会で日本代表が16強入り
6月　宮里藍が米ツアー4勝目を挙げ女子世界ランク1位に
8月　甲子園で沖縄の興南高が春夏連覇
10月　大学生の就職内定率が過去最低
11月　アウン・サン・スー・チー7年半ぶりの解放
12月　東北新幹線が新青森まで全線開通

2010年

2月　立山で1600年前の哺乳類の足跡化石発見
2月　バンクーバー五輪で県勢の田畑真紀、穂積雅子がスピードスケート女子団体追い抜きで銀メダル獲得
3月　大村大作監督「点の記」がアカデミー賞6冠、上市町出身の映画監督細田守が文化庁芸術選奨で新人賞受賞
8月　富山市ファミリーパークがライチョウの人口孵化に成功
8月　28日　第13回　参加者290名
9月　県内で猛暑日が18日となり過去最多を記録
10月　生涯スポーツの祭典「スポレクとやま2010」開催
11月　カヌー北本忍がアジア大会で金銀銅3個のメダル獲得

第14回　2011年8月27日（土）晴れ

参加者280名、マラニック227名、ウオーク53名。

岡本暁　選手　兵庫県

私が立山登山マラニックの虜になったのは、58歳の時でした。走行距離、スタート地点、走行時でもゴールの頂きが見えることに感動しました。皆様のお陰で13年連続（内1回はボランティア）で参加出来、お礼申し上げます。

中平智恵子　選手　岐阜県

「あそこで大会中止を告げられたなぁ」「ここでバスに乗った」「あの自動販売機で買った」「名前で応援してもらって元気が出たなぁ」……。大会に出なくなった今でも、立山へ行くといつも、マラニックの時間を思い出します。

第15回　2012年8月25日（土）曇り

参加者307名。マラニック234名、ウオーク73名、初めて300名を超える。庄司健太が6時間30分で頂上ゴール。第8回の高橋裕行と最短タイ記録。

2011年

1月　富山市で積雪159cmを記録。JR金沢管内で初の全面運休
5月　新幹線のレール敷設作業開始
5月　皇太子殿下が11年ぶりにご来県
6月　高岡市を歴史都市に認定
7月　夏の高校野球県大会で新港高が12年ぶりの優勝
8月　北前船の復元船「みちのく丸」が富山新港入港
8月　長さ653mのベンチがギネス認定
8月　27日　第14回　参加者280名
11月　富山地鉄を舞台にすべて県内で撮影された映画、「RAILWAYS」が県内先行上映

2012年

2月　柔道の田知本姉妹がグランドスラム・パリ大会で優勝
2月　富山陸協所属の藤原新が東京マラソンで日本人トップの2位
3月　新しい富山大橋が開通
4月　群馬の関越道で高速バスが防音壁に激突し7人死亡
4月　立山の3氷体が国内初の氷河であることを認定
5月　県内で9割以上が欠ける大規模な部分日食を観測

2011年

1月　ホンコン100ウルトラマラソン第1回、100km、香港
2月　日本相撲協会が八百長問題を受けて春場所中止を決定
2月　東京マラソンで埼玉県庁職員の川内優輝が日本人最高の3位に
3月　東日本大震災が発生
3月　九州新幹線が全線開通
7月　サッカー女子W杯でなでしこジャパンが初優勝
8月　世界陸上でハンマー投げの室伏広治が金メダル
9月　野田佳彦内閣成立
10月　体操の内村航平が世界選手権の個人総合で3連覇
11月　DeNAが横浜ベイスターズ買収、横浜DeNA誕生
12月　米軍がイラク撤退完了

2012年

1月　なでしこジャパンの澤穂希が世界最優秀選手に
4月　北朝鮮の金正恩が朝鮮労働党第一書記に就任
5月　ULTRA−TRAIL Mt．FUJI第1回、170km、累積標高8000m、富士山麓
5月　金環日食、25年ぶりに国内で観測
5月　東京スカイツリー開業
6月　モントレイル戸隠マウンテ

第16回　２０１３年８月24日（土）雨

参加予定者３６２名、マラニック２８４名、ウオーク78名。前日からの豪雨のため大会を中止する。

第17回　２０１４年６月28日（土）雨

参加者２３０名、マラニック１８８名、ウオーク42名。ゼッケントータルナンバーが雄山山頂の３００３番（ｍ）を超えたので、予定していた最後の大会となり、開催月を変更、室堂ゴール、残雪２ｍ。８月31日（日）「17年間の感謝会パーティー」を富山全日空ホテルで開催。

神田隆　スタッフ

この17年間立山マラニックに携わることができたことは、私にとって大きな財産ともいえるものになりました。スタッフの皆様と出会え、一緒にマラニックを企画・運営してきたこと、できたことを誇りに思います。

8月　富山工が初の甲子園出場

8月　ロンドン五輪で県勢８選手が健闘、バドミントン男子シングルス佐々木翔が５位

8月　25日　第15回　参加者３０７名

9月　射水市の富山新港の東西を結ぶ新港大橋が開通

10月　石井知事が大差で３選

11月　北陸新幹線富山駅が着工

12月　衆院選が行われ、県内は自民独占

２０１３年

3月　魚津水族館が創立１００周年に合わせてリニューアル

3月　上市町出身映画監督細田守が日本アカデミー賞最優秀アニメーション賞を受賞

4月　「とやまマラソン」準備委員会初会合、ルートは高岡－富山に決定

8月　甲子園初出場の富山一がベスト８

8月　24日　第16回　参加予定者３６２名、豪雨のため大会中止

9月　世界柔道団体で田知本姉妹が活躍、金メダル獲得

9月　高岡市出身の登坂絵莉がレスリング世界選手権初優勝

10月　魚津市出身の石川歩投手がロッテに1位指名

12月　置県１３０周年を記念して年間事業多彩に

ントレイル第1回、ロング20km、累積標高９４０ｍ、長野県戸隠スキー場

7月　ロンドンオリンピック開幕、なでしこジャパンが初の銀

9月　東尋坊愛のマラニック第1回、１００km、標高差３００ｍ、福井県坂井市

10月　山中伸弥京都大教授、ノーベル医学生理学賞受賞

10月　出雲駅伝で青山学院大学が初優勝

２０１３年

2月　高梨沙羅がスキージャンプW杯で最年少総合王者に

2月　別府大分毎日マラソンで川内優輝が大会初優勝

3月　習近平が中国国家主席に

5月　三浦雄一郎が史上最高齢の80歳でエベレストに登頂

6月　スリーピークス八ヶ岳トレイル第1回、38km、累積標高２７００ｍ、山梨県北杜市

8月　楽天の田中将大がプロ新記録の開幕16連勝達成、のち24連勝に

8月　イチローが日米通算４０００本安打達成

9月　２０２０年の夏季オリンピックが東京に決定

10月　体操世界選手権の男子床で17歳の白井健三が優勝

11月　米国の駐日大使にキャロライン・ケネディが着任

こぼれ話② 雷鳥荘でのみんなの顔は至福感

これだけ至福感を覚える大会はないでしょう。完走後300名の選手が全員山小屋（雷鳥荘）に宿泊し、地獄谷から引いた露店風呂に入り、大食堂で生ビールを飲み、選手同士の交流を深めながら食事をとるのです。部屋に通じる長い廊下ですれちがう選手はみんな、充実感と至福感に満たされている素晴らしい顔をしています。翌日は朝9時に室堂へ集合し、バス6台に分乗します。帰路を走るバスは、称陀ヶ原高原、七曲り、美女平、称名平と下り、常願寺川沿いにスタートした浜黒崎へと戻ります。選手たちは60㎞余りの長かった往路をふり返り、至福感に浸るのです。

第18回 2015年8月30日（日）雨

参加者231名、マラニック174名、ウオーク57名。復活第1回、新実行委員長宮島隆幸、実行委員15名。荒天のため室堂ゴール。完走パーティー、宿泊は取りやめ。後日富山テレビより「ACTクラブ賞」を受賞。

郷谷さとみ 選手

マラニックに憧れ走り始めて、初めて山頂ゴールした時の達成感、寒くて震えながら山頂ゴールの前から涙が止まらず松原さんに迎えてもらった室堂ゴール。全てが私を成長させてくれた素敵なマラニック、最高のかけがえのない宝物です。

2014年

1月 スキーW杯ジャンプで葛西紀明がW杯史上最年長優勝達成
2月 ソチ冬季オリンピックでフィギュアスケート羽生結弦が金メダル
3月 日本一の高層ビル「あべのハルカス」開業
3月 映画「アナと雪の女王」が大ヒット
3月 ロシアがクリミアを併合
4月 消費税が17年ぶりに5%から8%に引上
5月 国立競技場が56年の歴史に幕、東京五輪に向けた建て替えのために閉鎖
6月 ゴルフの松山英樹が米ツアー初優勝、日本人4人目
6月 サッカーW杯ブラジル大会で日本は1次リーグ敗退
7月 安倍内閣が集団的自衛権を閣議決定
7月 USJにハリー・ポッターエリアがオープン
9月 錦織圭が全米オープンでアジア人初の準優勝
9月 吉田沙保里が15大会連続の世界一
9月 ベルリンマラソンでデニス・キメットが世界新で優勝

2014年

1月 全国高校サッカーで富山第一が県勢初の優勝
3月 「クルン高岡」オープン
5月 TOGA天空トレイルラン第1回、ロングコース43㎞、累計標高2806m、南砺市利賀村
5月 バスケットボール富山グラウジーズが初のリーグ3位
6月 28日 第17回 参加者230名 最終大会として開催月を変更 室堂ゴール
8月 夏の甲子園で富山商が41年ぶり2勝、16強入り
8月 日本ジオパークに立山黒部が認定
8月 31日「17年間の感謝会パーティー」を富山全日空ホテルで開催
9月 世界レスリングで登坂絵莉が連覇
10月 世界遺産五箇山道宗道トレイルラン第1回、ロングコース36㎞、南砺市上平村10月
11月 富山湾「世界で最も美しい湾クラブ」に加盟
11月 魚津市出身ロッテの石川歩投手が新人王に
11月 カターレ富山がJ3に降格
12月 衆院選、選挙区は自民独占

第18回復活大会のバトンタッチ

福満喜弘　選手　東京都

豪雨の時、晴天の時、濃霧の時と変化に富んだ数回の出走は、自然の中の小さな私を思い出させてくれたマラソンでした。特に、称名滝からの男坂の登りは、そのことを教えてくれた所です。時間内での走りは、このレースばかりでなく、自分の心の弱さを表面化させてくれるのですが、立山は特に顕著です。室堂で「ほっと！」した所からの山頂の登りはいつも投げ出したいという思いが残象となっています。30番台でのゼッケンは誇りです。

第19回　2016年8月27日（土）雨

参加者267名、マラニック217名、ウオーク50名。荒天のため室堂ゴール。雷鳥荘での完走パーティー、露天風呂宿泊を復活。
越野智子　選手　奈良県

味わわせて頂いたスケールの壮大さとゴールまでの困難さ、達成感の大きさは右に出るものがなく、私を一気に富山ファンにさせました。毎夏北アルプスを登る今の幸せは、ここでの出会い、つながりがあったからこそ、心から感謝しています。

2015年

3月　北陸新幹線が開業、富山―東京が最短2時間8分
3月　旧北陸本線を引き継ぐ第三セクター「あいの風鉄道」が開業
5月　富山市の西町交差点角に「TOYAMキラリ」完成
7月　北陸初のウトレットが小谷部にオープン
7月　新湊でタモリ杯ヨットレースを初開催
8月　県庁本館が国登録有形文化財に
8月　**世界陸上の50km競歩で滑川市出身谷井孝行が銅**
8月　バスケットボールの富山グラウジーズが新リーグ1部参入決定
8月　**30日　復活第18回　参加者231名　荒天のため室堂ゴール　新実行委員長に宮島隆幸就任**
9月　レスリング女子・登坂絵莉が世界選手権3連覇
10月　富山市長附に自宅のある東京大宇宙線研究所長の梶田隆章がノーベル物理学賞受賞
10月　全国豊かな海づくり大会で両陛下がご来県
11月　**富山マラソン1万2298人が快走しフルマラソン男子は藤原新、女子は野尻あずさが優勝**

2015年

1月　**箱根駅伝で青山学院大が初優勝**
1月　ラグビー大学選手権で帝京大が史上初の6連覇
1月　白鵬が史上最多33度目の優勝
3月　テニスの錦織圭が日本選手最高位の世界ランク4位
3月　渋谷区で日本初の同性パートナー条例成立
6月　改正公職選挙法が成立、選挙年齢が18歳以上に
7月　アメリカとキューバが54年ぶりに国交回復
9月　ラグビーW杯で日本が強豪南アフリカから歴史的勝利
10月　中日の山本昌が50歳でラスト登板
10月　マイナンバーの配達開始
10月　体操の男子団体、世界選手権で37年ぶりの金メダル
10月　中国が一人っ子施策を廃止
12月　日韓外相会談で慰安婦問題合意

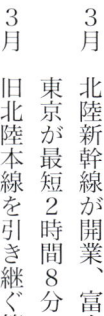

第20回　2017年8月26日（土）　晴れ

参加者288名、マラニック237名、ウオーク51名。5年ぶりに山頂ゴール達成。

広瀬優　選手　富山県

立山登山マラニックは、まさに私の生活の一部でした。このような素晴らしいフィールドを提供してくれる富山県と、運営スタッフ、ボランティアの皆様に感謝し、これからも立山登山マラニックを応援していきます。

河井明夫　選手　富山県

5年目の記念誌時々見ます。この大会を走るのが私の生きがいでした。おかげで、15回連続で走りました。快晴の立山路を走れる幸せを感じて苦しいことも忘れました。今も家で、山頂ゴール写真のパネルを目にして、いつも良かったなあ、ありがとう、ありがとうとおもっています。

自然にとけこみ、命の輝きに気づく

20周年を経て、立山登山マラニックのスピリットができつつあります。ホノルルマラソンの陽気な明るさ情熱とは違い、光り輝く小さな宝石のようなものです。第一に昨今ブームの市民マラソン経験者がさらなる高み、深みへと挑戦する大会なのです。第二に自然に身体ごと分け入り、自然の素晴らしさに気づき、立山の原生自然からエネルギーを受ける喜びがあります。第三に雨、風、雲、青空、の天候と人間のコラボレーションです。厳しい天候と大自然の中では、人間の本性があらわにされます。つらさ、苦しさの中から、自らの限界を超えた生命の輝きを体験することができます。第四に選手とボランティアとの絆がさらに強くなる仕掛けをつくることです。人間の温かさ、やさしさ、尊さを知らされる大会です。第五に地元の人々と共感し、支えられ、世界のランナーから注目される大会を目指したいと思うのです。

2016年

- 1月　全国高校サッカーで富山第一が8強
- 1月　ノーベル賞の梶田隆章に県特別栄誉賞
- 3月　北陸新幹線が開業1年、利用者1万人を突破
- 3月　富山駅南口が完成
- 5月　G7環境相が富山市で開催
- 5月　富山グラウジーズが東地区初優勝
- 7月　県議会副議長の政治活動費不正取得が発覚、以後市議17人が辞職
- 8月　リオ五輪で柔道の田知本遥、レスリングの登坂絵莉が金
- 8月　27日　第19回　参加者267名荒天のため室堂ゴール。雷鳥荘での完走パーティーを復活
- 9月　富山グラウジーズ、新リーグ・Bリーグに参入
- 9月　リオパラリンピック、富山市在住の藤井友里子がボッチャのチームで銀
- 10月　ロッテ石川歩投手がパ・リーグ最優秀防御率
- 10月　富山マラソンに1万3018人が参加
- 12月　「山・鉾・屋台」がユネスコ無形文化遺産に登録

2016年

- 1月　大阪国際女子マラソンで福士加代子が優勝
- 2月　国勢調査で初めて国内の総人口が減少
- 3月　北海道新幹線が新青森—新函館北斗間で開業
- 4月　熊本県で最大震度7の地震が発生
- 5月　三重県志摩市で伊勢志摩サミット開幕
- 5月　オバマ米大統領が被爆地広島を米大統領として初訪問
- 6月　イチローが日米通算4257安打達成、大リーグ記録
- 7月　天皇陛下「生前退位」の意向が明らかに
- 7月　東京都知事選で小池百合子が初当選
- 8月　リオオリンピック開幕、日本は金12個を含む41個のメダルを獲得、史上最多
- 8月　リオオリンピック男子4×100mリレーで銀メダル
- 8月　SMAPが年内で解散することを発表
- 9月　広島が25年ぶりにセ・リーグ制覇
- 9月　バスケットボールのプロリーグ、Bリーグ開幕
- 10月　訪日外国人が初の年間2千万人を突破
- 12月　新海誠監督「君の名は」が大ヒット

第１回からのトータルゼッケン

２０１７年

3月　２０１５年の医薬品生産額が初の日本一

3月　富山米新品種の名称が「富富富」に決定

5月　全国植樹祭で両陛下がご来県

6月　富山市出身の野際陽子さんが死去

6月　富山市ファミリーパークでライチョウが初の産卵

8月　高岡商が春夏連続で甲子園出場

8月　県美術館が全面開館

8月　富山市出身の朝之山が新入幕

8月　26日　第20回　参加者２８８名５年ぶりに山頂ゴール

11月　大相撲秋場所で朝乃山が敢闘賞

11月　富山県が美肌日本一に

12月　「日本の20世紀遺産20選」に富山から２施設

２０１７年

1月　ドナルド・トランプが米大統領に就任

1月　箱根駅伝で青山学院大が３連覇を達成

1月　稀勢の里、日本出身力士では19年ぶりに横綱昇進

2月　「プレミアムフライデー」スタート

2月　サッカー横浜ＦＣ三浦知良がＪリーグ最年長出場記録を50歳に更新

4月　卓球の平野美宇がアジア選手権で日本人初優勝

5月　インディ５００で佐藤琢磨が日本人初制覇

6月　上野動物園でパンダの赤ちゃん誕生

6月　14歳棋士藤井聡太がデビューから29連勝の新記録

8月　世界バドで奥原希望が女子シングルスで初優勝

9月　早実の清宮幸太郎が高校通算１１１号本塁打を記録

9月　桐生祥秀が１００ｍで９秒98を記録

10月　衆院選で自民党が圧勝

11月　アジアチャンピオンズリーグで浦和レッズが優勝

20周年記念 鼎談

マラニックロード一直線

0mから3003mまで、一気に駆け上がる立山登山マラニック、そこには自然の中で力を尽くす選手たちの姿があります。走り切った感動は選手だけのものじゃない、そこに携わる人々にも与えられるもの。その感動を味わいたくて、ここまで続いてきたのでしょう。20周年を迎え、ゆかりの3人が語り合いました。

出席者　西川栄一（選手　兵庫県）
南部　功（選手　滋賀県　天女の羽衣伝説ウルトラマラソン創始者）
松原和仁（立山登山マラニック創始者　第1回～17回実行委員長）
司　会　山本美帆（富山テレビプロデューサー）

ウォーキング講座から ランニング登山を夢見る

司会　松原さんご自身のマラソンの始まりは？

松原　大学に入って山登りをやり始めた。山登りといっても年に3、4回ですよ。夏山ばっかりね。そこで山というのは、いいなということが分かって、走り始めたのは42歳からフルマラソン、42歳で42km走らなければならないっていう、単に数字合わせだっただけ。大体人間は40歳過ぎると健康のこと考えるじゃない、健康診断でひっかかったりして、それでマラソンを思いつき初マラソンはホノルルを走った。山を20歳から40歳までやっていたから山とランニングが結びつくわけ。そのうち、富山は、自分の故郷の自然というのが、だんだん分かってくる年代ですね。その土地の良さ、ふるさとっていうのは、人間っていうのは40過ぎないとわからない。20代30代っていうのは、仕事やいろんな子育てなどで過ぎ去ってしまう。富山っていうのは、海もあり山もあり、一級河川が7つある。

司会　まず、ウォーキングを6回に分けて、富山湾から立山頂上まで企画されたんですよね。

松原　それは、自由塾っていう県の生涯学習の企画募集があって、ウォーキング講座をやろうということで、6回でやったんです。だけど、自分の心の中には、ランニングして1日で頂上へ行けたらなという思い、チャレンジっていうのがあったから、それをやろうと。

南部　それをね、やろうとして一人ではできないわけで、関係者にやろうって言った時に、そんなとんでもない企画ができるか！みたいな。

松原　私の友人7人くらいに声をかけて自宅に呼んだんですよ。実はこういう企画あるんだけどちょっと話し合いしない？って。自分の思いを話したら、一人の大会スタッフが「そんなのバカみたい、とんでもない！」って。

南部　あの頃、今みたいにウルトラマラソンもポピュラーじゃなかったですもんね。

立山マラニック開催に向かって 人の輪が広がる

松原和仁

松原　あの頃「山口県の萩往還マラニック」があったんですよ。だからマラニックという言葉を僕が借用したわけ。立山マラニックを始める2、3年前に、その大会のランニングだけ参加して、ちょっと偵察してきたんですよ。

南部　その頃45歳くらいですか？

松原　そうそう45の時だね。

南部　そこで、ご自分でやりたいと思われたことがすごいですよ。

松原　もう絶対一人ではやれないよね。その話をする前に、立山室堂の雷鳥荘に行ったんですよね。

南部　雷鳥荘社長の志鷹さんは知り合いだったんですか？

松原　同級生です。志鷹さんに、前の年かな、あの山小屋に行ってね、大会のチラシ用にと、山岳を走っているかっこいい写真を載せようと思って。雷鳥荘のあの斜面を僕が走っているのを撮ってもらったりしてね。

南部　キヤノンかな？　毎年うちのカタログを志鷹さんにお持ちしていたんですよ。

松原　10月くらいですよ、志鷹さんに、自らモデルになるから撮ってよ！って。結局その写真は全然使ってないけれど、プリントしたら全然だめだった。

司会　それ志鷹さんの腕がだめなの？　松原さんがダメなの？（笑）

松原　それからね、常願寺川の堤防を若い女性が走っているのを写真にしようと考えたり。当時は、山ガールもいなかったし。そんなことも下準備しながら、友人7人に集まってもらいました。そのなかで田村さんの助言が非常に影響を受けました。

南部　田村さんは大先輩ですよね。

松原　ランニングにおいては先輩ね、歳は私より3つ下なの。田村さんハゲてるから年上に見える。

南部　松原さんより上やと思ってました。

松原　田村さんは、30代からランニングして、ウルトラマラソンの萩往還も常連だったんです。川崎の鈴木さんっていう方も常連。ブラインドランナーを指導している鈴木さんは、田村さんと知り合いだった。それと萩往還で優勝した知野見さんは田村さんの走友。富山でウルトラマラニックをやろうっていうことで、私が言い出しっぺです。私が責任持つから、みんなに手伝って欲しいと、それから始まったんですよ。

役所から開催許可を得る

南部　でも関係行政機関との調整っていうのは、ものすごい大変なことでしょう？

松原　最初はそんなに苦労しなかった。まず道路使用でしょう。これは県警本部で、やっぱり最初の大会というのは審査があります。お願いに行ったんですけど、偶然！　県警本部の課長が私の大学の先輩だったから、やりやすかった。

南部　功

司会　でもね、今、国立公園内でこれを始めようって言ったら絶対できないですよね。

松原　環境省に一応届けを出したのは、5、6回目からです。他人に言われてね。今の国土交通省は、当時は建設省なんです。常願寺川の堤防を走る、そこにも出さなきゃいけないだろうと。1回目2回目は警察だけで、そんなところまで、しなくてもいいだろうと。私にしたら、道路に１００人もね、混雑して交通の邪魔になるっていう、そういうのを警察は規制する、マラニックの場合、みんなばらばらで、歩いたり走ったりということだから、絶対オッケーだと確信を持って警察に行っているからさ。山に入るんだろってことで、環境省、当時は営林署にも出して欲しい、と言う。「なんでよ」って言ったら、「集団で山に入るんだろう」って。いやらしいんだよ、集団で山に入るっていっても、森林地帯に50人で列作ってさ、掻き分けて入るわけでもないし…。

南部　その部分においては、登山者も観光客も変わりないと思いますけどね。

松原　役人というのは、人によってですが、本当に情けない、規制と否定的見方しかないから。

マラニック大会後の宴会なしは寂しすぎる

司会　ところで、南部さんも大会を創られたのですね。

南部　自分が主宰してやってる大会は、全く立山マラニックのコピー、レプリカですから。

松原　芸術も、みんな真似から入るから。

南部　仕事で教えてもらったのは、真似は悪いことではない。容易にそのレベルまで達することができるなら、絶対これを真似する。あの雷鳥荘の宴会を真似したら一晩で、一瞬で、みんなが仲良くなれるというのがよく分かったから。

松原　確かにあれがね、大事だっていうのはね、初めから分かってたけど。第17回大会でなくしてみて、再生の第18回大会も、やっぱり選手はそのままゴールして帰っていく、味気ない…。

南部　それはマラニックじゃないでしょう。

松原　ということで、第19回大会より復活しました。

西川　さみしかったです、本当にさみしかったです。

松原　去年（19回大会）復活ね。

南部　雷鳥荘で誰と一緒の部屋になるか分からない、それがまた面白みであるんですよね。

松原　だからあえて友達だけ入れる必要もないんですよね。走る人間というのはすぐ打ち解けられる。不思議だよね、全国あちこち行ってもすぐ打ち解けてしまうんですよ。

西川　それがマラニック。

西川栄一

松原　いい温泉で泊まってさ。

南部　そうですよね、あんな贅沢はないですよね。山小屋なのにさ、あんな至福の温泉！窓開ければ地獄谷！

松原　そういうこと。窓を開ければ地獄谷、素敵だね。

南部　僕もマラニック大会をやってますけど、このマラニックのロケーションだけは真似できない、やり方は真似できますけど、やっぱりすごいな、富山ならではですよね。

松原　世界遺産や！

南部　そうですよ！

西川　ユニークですよね。

南部　海からすぐに３０００mの山がそそり立っている、富士山とここくらいしかないですよね。20年前に、そこを走らせようと考えた松原さんはすごいと思いますわ。

雷鳥荘に行き着くまでのしんどさは経験者のみが知る

松原　僕はゴールは夜中でもいいんじゃないかと思った。夜中でも登ってもらって雷鳥荘に着いてもらおうと思った。だけどリスクやいろんなことを言う人がいた。それで12時間制限にした。

南部　初め制限時間12時間でしたよね。途中11時間になりましたよね。あの1時間に完走者の3分の1が入っていたんだと思います。だからめちゃくちゃ厳しくなりましたよね。

松原　厳しい。というのは、1回目2回目あたり、暗くなると選手が雷鳥荘に来なかった。あとで、捜索になっちゃうし。室堂から雷鳥荘まで、やっぱり1時間近くかかる、いろいろあるんだよね。

南部　それもマラニックなんだよね。自分の荷物を持って室堂から最後雷鳥荘まで行く。

西川　意外としんどいんですよね。

松原　スーツケース持った人とか（笑）。やっぱり、山やってない人が来てたりして。

南部　ロードの感覚で来られると、とんでもないですよね。

西川　あの地形を知らないとだめですよね。本当は。

南部　松原さん覚えていらっしゃいます？僕が室堂でへばって一緒に雷鳥荘の雪上車に乗せてもらった、あれで松原さんは僕のこと覚えてくださったと思うんですけれど。

松原　すごいよね、あの振動ね。

南部　あれって、タイヤじゃなくてキャタピラー、戦車に乗っているみたいですよね。申し訳ないことした。

司会　なんでそんなにへばったんですか？

南部　脱水で。ゲロゲロしていて、室堂まで降りてきてやっと。そこまでもへばってて、よたよた降りてきたん。そっから一歩も動けなくなって…。

西川　それでもゴールしているのがすごいと思いますけどね。やっぱ称名とか暑いから脱水になりますよね。

南部　八郎坂で体力使いすぎたら、その上が走れへんの、全然。あそこ頑張って登り過ぎたらだめなん。難しいですね。頂上から降りて、荷物担ぐ体力残しとかんと、本当のゴールは雷鳥荘ですからね。あそこ行って温泉行くまでがゴールですからね。

司会 アスリートでも、そんなに辛いんですか?室堂から雷鳥荘までが?

南部 それがね、荷物を持ったり歩いたり走ったりという感覚がなかったほど。いくら言われても自分で体感しないとわかんないですよ、本当に。

司会 私からしたら不思議。あんなに走った人なのに。私でさえ室堂から雷鳥荘まで行けるわけですし、何でそんなところでヘタるんですか?

南部 一ノ越から、はぁはぁ言って、脱水症状。午前中の称名滝付近でも。称名まで上がって、そこからがきついんですよ。斜度18度かな。暑いんですよね、本当に暑くて、走っていると僅かな斜度でもきついですよ。僅かな斜度でも下りになるとね、楽。この楽さ。人間の体というのは、ランニングって敏感に感じるんですよね。傾斜登りがあるともう感じる。

山の走りは天候次第、天候は毎回違う

司会 ところで雄大な弥陀ヶ原高原を走るのは?

南部 絶対日本一ですよ!!

松原 あぁー嬉しいね。

南部 唯一ですよ!

西川 あそこを走れるってことがすごい。走れるってことに感動する。

司会 アルペンルート? あぁそうね。

南部 毎回感動しますよ、木道でもアルペンルートでも。だんだん山がね、目の高さになってくるんですよ。うれしいじゃないですか。

西川 標高が上がって、自分のチカラで上がっていくっていうのは…。すごいね今! そうか自分が一歩一歩上がっていく、山が近づいてくる。

松原 今回20回ですけど、毎回違う大会だと思うんですよ。毎回別の大会。天気が違うから。

司会 大会の陰には、大会側の天候判断の苦労があるんですよね。

南部 本当にダメと思ったらやめたほうがいいと思います。多分知らないで来てる人もいると思うから。

司会 そう、そこが怖いのよね。

松原 選手の安全と、完走させたいという思いの狭間で、常にスタートしてから天気とにらめっこ。

松原 今日も雪崩でスキー客の遭難があった。ああいうのが起きるとだんだん開催が厳しくなってくる。何もかも、あれはだめ、これはだめの世界になってきますよね。そうなると主催者側は腹くくって自信持ってどんな訴訟を起こされようがやるっていう、そこ太っ腹です。

ゴール後の温泉で裸の付き合いがたまらない

南部 ただ走るだけじゃなくて、山小屋の泊まりをセットにしたというのが、すごいと思いますよ、その発想が!

司会 それはただの呑兵衛の発想ですよね!

南部 呑兵衛の発想なんですか?

松原 いや、そんときは呑兵衛じゃないよ!

(笑)

南部 そこはまだ聞いてない、どうして泊まりをつけたか。

松原 やっぱり風呂に入って、裸の付き合いっていうかね、それしたいなと。完走したあとの喜びってあるじゃない、選手にしたって。それを共有するっていうには、本当にうれしいよね。

南部 初めに思わはった松原さんはすごいわ、俺はそれが分かったから、こうしたらいいと分かったけど。

西川 たいてい普通の大会は、その前日はさ、意外と交流がある。前夜祭とかさ、宿屋で一緒になって頑張ろうとかさ。だけどゴールしたらみんなさーっと解散していくのね。

南部 でもね、やっぱり走り終わってからのほうが、こう開放感に浸れるじゃないですか。充実感というか、やっぱり明日大会だと思うと飲めないし、ゴールした日の夜が絶対いいですよ。

西川 確かに完走パーティーっていうのもいろいろありましたよね、でも儀式的じゃないですか意外と。

南部 そこで呑んだくれて、寝てもいいんだっていうのが全然違う。あれはやっぱりいいですよね。開放感ありますよね。

司会 楽しく面白くなってきたところですが、この辺で。有難うございました。

山本美帆

照る日、曇る日、幾星霜

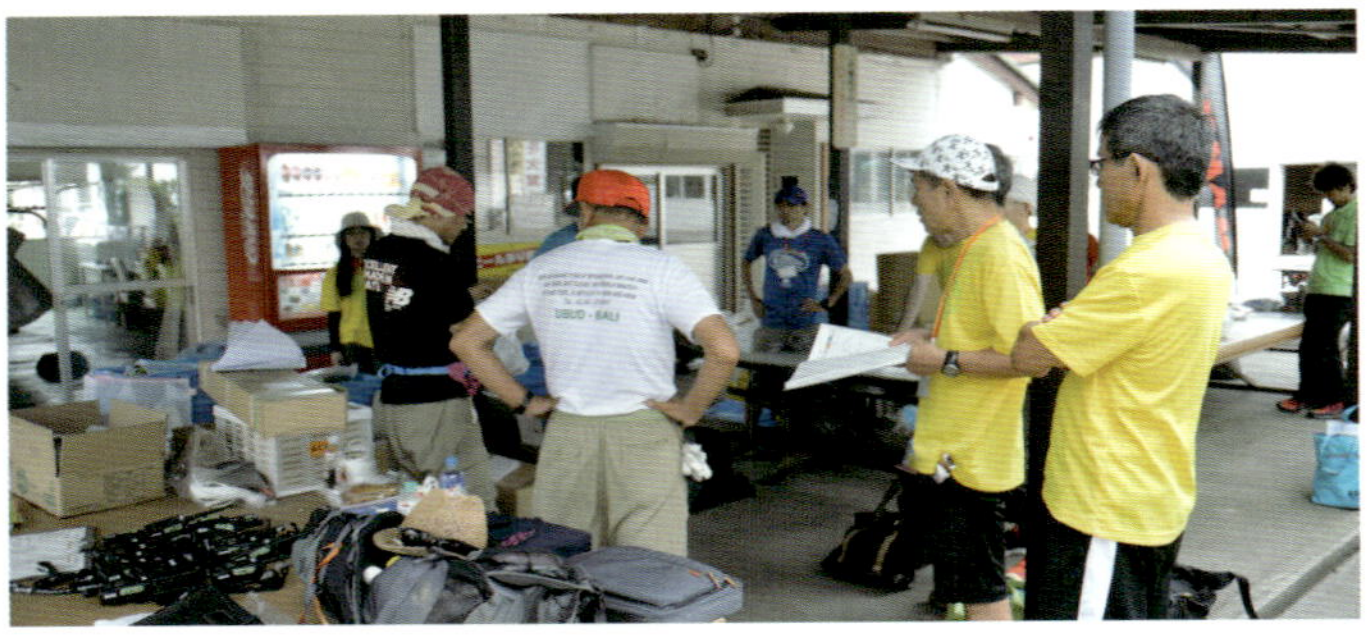

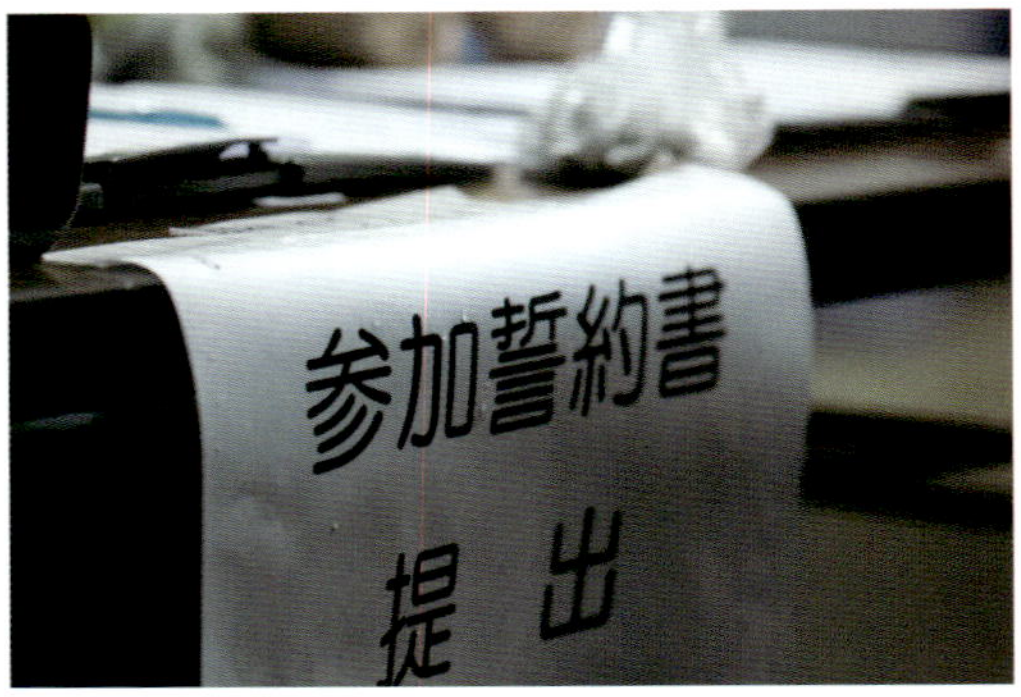

立山登山マラニック

3562

3604

3460

W654

DAITO
3560

584

3502

Mt.Tateyama Climbathon

立山登拝

Mt.Tateyama Climbathon
立山登山マラニック

立山の歴史と信仰

大自然の神秘

空気がキーンと冷え込んだ冬の朝、富山湾は海面から立ち上る霧に覆われ、見慣れた海が一夜のうちに幻想的な風景へと変わります。これは、「けあらし」と呼ばれる冬の風物詩です。風が穏やかで気温が下がった冬の早朝にみられ、日が昇ってくると消えてしまいます。また、4月〜7月頃にかけて、「春の蜃気楼」が見られることがあります。富山湾には立山連峰の雪解け水が流れ込むため、春でも海水が冷たいのです。上空の空気が温かくなり、上下の温度差が大きくなる日にだけ現れます。「けあらし」も「蜃気楼」も、いくつかの気象条件がそろった時に見られる貴重な自然現象なのです。

けあらし

立山の形成

海抜0mから3000m級の山が海の上にそびえる景色は、世界で3か所、イタリアのベネチアから見えるアルプス山脈と、チリのパルパライソ市から見えるアンデスの尾根、そして富山湾の立山連峰です。この立山一帯も初めはなだらかな丘陵地帯でしたが、2度の隆起によって今の形になりました。今から約100万年前からプレートの運動でゆっくりとせり上がり、約80万年前から隆起が激しくなったといわれています。どのプレートが立山をせりあげたのか、いろいろな説がありまだはっきりしていませんが、北アメリカプレートとユーラシアプレートがフォッサマグナで衝突したため、とする説が富山県立山博物館で現在採用されています。

立山カルデラと氷河の痕跡　山崎カール

弥陀ヶ原や室堂周辺、五色ヶ原あるいは立山カルデラをつくったのが、立山の火山活動です。約13万年前、立山の最初の噴火が起こり、その後噴火を繰り返しながら成層火山（富士山のような形をした火山）がつくられました。そして、大規模な火砕流の噴出によって、弥陀ヶ原の台地がつくられました。一方、山頂の火口は浸食や崩落などで喪失し、立山カルデラがつくられました。

血の池、地獄谷などは、室堂平で起こった水蒸気爆発によってできたものです。地獄谷は、水蒸気爆発の爆裂火口に水が溜まってできた湖だったこともありましたが、側壁の一部が崩れて水が抜け、現在のような形になっ

山崎カール

たと考えられています。火山ガスを噴き上げる硫黄の煙突や熱湯の沸き立つ池、硫化水素や亜硫酸ガスの鼻を突くにおい、そして草木が生えずむき出しの地面。時々、ガスにまかれた鳥や獣が死んでいることもあります。地獄谷のこのような風景を、昔の人々はいろいろな地獄の様子に当てはめたのです。

立山に降った雪でできた氷河が非常にゆっくりと流れ下っていくときに、ものすごい力で地面を削ります。こうした氷河の浸食作用によってできた広い椀状の谷のことを圏谷（カール）といいます。雄山の西側斜面にある山崎カール（明治38年山崎直方発見）もその一つ。日本の圏谷の大部分は山稜の東側斜面にみられますが、山崎カールは数少ない西側にみられるもので、国の天然記念物です。

地獄谷

立山に降った雨は、急流となって山を削り、深い谷をつくります。そのひとつが350mという落差日本一の称名滝です。元々現在の立山駅付近にあったものが断崖を削って少しずつ上流へ移動して、現在の場所になりました。ちなみに名称は、法然が滝の轟音を「南無阿弥陀仏」という称名念仏の声と聞いたことに由来すると伝えられています。

山の神格化と山岳信仰

里の民にとって、山の神は水の神、田の神でもありました。海の民は、海上から山を見て位置を知り、天候を予測しました。山の神を怒らせないため、女性は山に登ってはいけないなどと言われてきました。また、山は神のいる天に一番近い場所であり、山頂は神の降り立つ場所でした。さらに「山中他界観」といって、山は亡くなった人々が宿る場と考えられ、恐れられていたのです。こうした考えが山そのものを信仰の対象とする「神体山」と考えられ、仏教や神道などと結びつき、各地で「山岳信仰」が生まれていったのです。

立山は古くから山岳信仰の山として、駿河の富士山、加賀の白山とともに、日本三霊山の一つとされています。古代には立山権現として、平安時代からは地獄極楽のある山として阿弥陀信仰と結びついてきました。雄山神社の主神はかつて伊邪那岐神《いざなぎのかみ》（本地仏は阿弥陀如来）と、不動明王を本地とする天手力雄神《あめのたぢからおのかみ》で、神仏混淆がみられました。立山連峰の雄山に峰本社があり、山麓芦峅寺の中宮祈願殿、岩峅寺の前立社壇とともに三社一体の形をし

雄山神社峰本社（山頂）

雄山神社中宮祈願殿

ています。峰本社を見上げる室堂平には参籠の場所として建てられた室堂が保存されています。現在の建物は享保11年（１７２６）に加賀藩により建てられたものですが、最初のものは14世紀に建てられた日本最古の山小屋と考えられています。

天平20年（７４８）、奈良時代に大伴家持は「太刀山にふりおける雪を常夏に見れども飽かず神からならし」(立山に降り積もっている雪を夏の間中見ていても見飽きることがない、これは立山が神の山だからだろう）という歌を詠んでいます。「かむからならし」とは「神がお住まいになる」という意味です。当時、立山は「タチヤマ」と呼ばれていました。この呼び名は「顕ち山」、すなわち神が現れる山という意味に由来する、と考えられています。平安時代になると、立山に地獄があり、罪をつくるとそこに堕ちるという考えが広まるとともに、神や仏のいる尊い山として全国に知られていきました。

開山物語

鎌倉期から江戸期に成立した開山縁起によれば、大宝元年（７０１）に越中国守、佐伯有若の16歳の息子である有頼が開山したとされています。有頼が父の白鷹をこっそり連れ出して狩りをしていると、突然白鷹が遠くへ飛んで行ってしまい、それを追って山に入ると大きな熊が襲い掛かってきました。有頼が矢で熊を射ると、みごとに熊の胸の月の輪のところに刺さり、熊は血を流しながら逃げていきました。後を追いかけて着いた室堂近くの玉殿窟《たまどののいわや》という洞窟で有頼が見たものは、まばゆいばかりの阿弥陀如来の姿でありました。しかも阿弥陀如来の胸には有頼の放った矢が刺さっていたのです。阿弥陀如来は「けがれた世の人々を救うために、この山に地獄も極楽浄土もそろえてお前をここまで導いたのだ。どうかこの霊山に道を開いて、誰でも山に登られるようにしてほしい」と命ぜられました。これを聞いた有頼は弓を折り、僧となり、慈興と名乗りました。そして立山を開き、立山大権現の大宮などを建て、立山信仰を広めたと言われています。

縁起については時代によって変化があり、開山者は初期には現朝日町山崎の狩人、次に有若、最後に子の有頼となりました。

玉殿窟（立山曼荼羅部分）

山岳信仰と仏教

平安時代の説話集『今昔物語集』には、立山で修行していた僧が、立山の地獄に堕ちた女性から救いを求められ、この僧から話を聞いた家族が法華経の写経や読唱などの供養を行うと、女性は地獄の苦しみから救われたというお話が残っています。

10世紀初め頃までには、立山は仏教の山として開かれました。それ以前の日本人の生活には、山中が霊魂の集まる「あの世」であるという考え方が広まっていました。こうした考え方に仏教の考えが結びつき、人々は山中に地獄や極楽の世界があると信じるようになりました。かつて人々は、山を神の住む清らかな場所と考えていましたが、仏教の教えの影響が及ぶにしたがって、死霊が落ち込んで逃げられない場所も、さらには阿弥陀如来の住む安楽な浄土も、山の中にあると考えるようになりました。立山には、信仰に関わる地名がいくつも残っています。たとえば、弥陀ヶ原、浄土山、大日岳、薬師岳、称名滝、地獄谷、弘法などです。

室町時代になると、この岩峅寺・芦峅寺の宿坊の衆徒が活発に立山信仰を広めたため、立山には修験者や行者に限らず、庶民も多く参詣のためにやってくるようになりました。そして神仏に参拝に行くのが目的の入山を「登拝」と称しました。

布教に当たっては、岩峅寺・芦峅寺ともに「立山曼荼羅」を作り、これを絵解きして立山信仰を語りました。また、「布橋灌頂会」（女人禁制で登拝できない女性のために芦峅寺で行われた極楽浄土を約束する宗教儀式）への参加や「血盆経供養」(血の穢れによって地獄に堕ちた女性の魂を救済する立山血ノ池地獄で行われた宗教儀式）への代参を呼び掛けたのです。

「立山曼荼羅」には、立山の地獄に堕ち恐ろしい責め苦を受ける人々の様子が詳しく描か

立山曼荼羅（芦峅寺系・大仙坊Ａ本・大仙坊蔵）

地獄の図（立山曼荼羅部分）

れています。死んだ人が閻魔王庁で閻魔王に裁かれる場面、鬼につき臼で粉々にされる場面、阿鼻というお城で猛火に焼かれる場面、燃え盛る火車で体を焼かれながら引きまわされる場面、子どもが死ぬと堕ちる賽の河原の場面、女性が死ぬと堕ちる血の池地獄の場面などの地獄道の世界、また、いつも腹を空かせて苦しむ餓鬼道の世界、人間から動物にされてしまった畜生道の世界、争いばかりしていなければならない修羅道の世界も加えて、さまざまな四悪道の苦しみの世界が描かれています。

江戸時代になると信仰登拝者ばかりではなく普通の人々も死んだ人に会える山と信じて立山に登るようになりました。江戸時代後期には岩峅寺・芦峅寺の衆徒たちが「立山曼荼羅」を持ち歩いて諸国をめぐり、立山に登れば堕地獄の罪も許されると説き、信仰を広めていきました。信仰登拝ルートは、現在の富山地方鉄道岩峅寺駅のある岩峅寺を起点とし、立山博物館のある芦峅寺を経由し、弥陀ヶ原を遡る登拝路ができていました。「仲語」と呼ばれる地元のガイドによって案内されて苦行に耐え、立山を目指しました。しかし、明治時代になると神仏分離、廃仏毀釈によって立山信仰は次第に衰えていきました。

信仰登拝から開かれた山へ

明治元年（１８６８）、明治新政府は、これまで神と仏の両方をまつってきた宗教施設に対して、仏をまつることを禁止し、仏像を取り払うよう命じた神仏分離令を出しました。そのため、立山権現は雄山神社と改称され、岩峅寺の立山寺は雄山神社前立社壇、芦峅寺の中宮寺は雄山神社祈願殿に改められました。特に芦峅寺では、うば堂、閻魔堂、帝釈堂などの仏教に関わる施設はすべて壊され、多くの仏像や仏具などが取り払われ、県内外の寺院などに移されました。神仏分離令に基づいて実施された廃仏毀釈により、約千年続いてきた立山信仰は大きな転換期を迎えました。修験者や僧、そして亡き人に会うために登る山、女性の登山が禁止されてきた山、立山は、明治５年（１８７２）に女性の登山が許され、外国人も登山する開かれた山となりました。

女性救済の儀式

古くから立山でも女性は入山を禁じられ、極楽世界に生まれ変わることの可能性を閉ざされていました。江戸時代、毎年秋彼岸の中日には、「おんばさま」をまつった芦峅寺のうば堂を中心に、登拝できない女性のために「布橋灌頂会」という行事が行われました。「おんばさま」の霊験で女性も男性と同じように極楽浄土へ生まれ変わることができると信じられており、「布橋灌頂会」は、女性の願いをかなえてくれる唯一の儀式だったのです。

芦峅寺の伝承では、「おんばさま」は穀物や麻などの種を持って天から下ってきたとされ、万物を創造する母神とされています。また「おんばさま」は、死後、人間の生死をつかさどるあの世の主神になったとされますが、このような「おんばさま」の性格は、日本神話に登場するイザナミノミコト神を想像させます。

行事に参加した女性は、まず閻魔堂で閻魔王に裁かれ、深く反省して身を清めます。次に僧侶に導かれ、白布を敷いた天の浮橋（布橋）を渡り対岸にあるうば堂に入ります。うば堂での法事のあと堂の扉が開かれると、女性は立山をはるかに拝み、自分が極楽世界に生まれ変われると信じたのでした。行事のあと、女性には護符、血盆経や血脈が与えられました。この行事には、全国から幾千人もの人々が集まったといわれています。

おんばさま

『さらさら峠超え』

安土桃山時代、織田信長に仕え輝かしい武勲を立てた富山城主佐々成政は、本能寺の変で織田信長が没した後は織田家の実権争いで徳川家康に付き、羽柴秀吉と対立していました。ところが家康と秀吉の和睦の知らせが入り、成政はなんとかして家康に会うため、厳冬の佐良峠越えを断行します。家康と会うのは人目をはばかる上、周りはすべて敵の領地。無謀といえども他に方法がなかったのです。このルートは、戦国の昔から忍びの道として密かに利用されていたといいます。しかし、冬の立山は死の山。成政一行は予想以上の危険と苦難の連続で激しい疲労のため幻覚幻影に襲われました。４００年前の平家の豪傑が道案内をしたともいわれています。２５０人の隊列も転落や凍死でわずか12人となりながらも、家康の浜松城についた成政一行でしたが、家康を説得することができず、越中へと帰ったということです。

近年発見された「武功夜話」には、成政一行は熊の毛皮で身を包み、らんらんと目を光らせていたと記述されています。一行の荒々しい息遣いが迫るようです。

布橋灌頂会

成人儀礼の風習

大人になるための試練として、神霊が宿る場所にこもって、霊魂をたくましいものに生まれ変わらせるという風習は全国にありました。

富山でも江戸時代から、男子は16歳になると成人儀礼として集団で立山（雄山）に登拝する風習があり、この立山登拝を行うことで一人前と認められていました。『富山県史』や各市町村の記録をみると、明治・大正期に、身を清め新しい白装束に身を包んで立山に登っている例が多く見られます。そして、無事に帰ると氏神にお礼参りし家族親類そろってお祝いをしていることから、立山登拝が一大行事だったことがわかります。今では、学校行事として行うところが多くなりました。

昔の人は、雷や突風などの自然現象を妖怪の仕業と考えたり、火山活動でできた風景を地獄と見立てたり、ブロッケン現象を阿弥陀如来の来迎と思ったりしたことからもわかるように、山で体験する自然現象に神仏の働きを感じ取ってきました。時代は変わっても、山は人々にとって新しい発見の場であり、自分を成長させる場となっているでしょう。

1957年8月、呉羽中学校２年生の立山登山

黎明の富山平野を走る

絆、未来へ

大会の理念

第一に「安全対策」です。参加選手、ボランティア、スタッフ、応援者の安全を重視します。立山山岳地帯の危険な登山道および山岳道路の安全歩行の徹底です。

第二に「環境保護」です。中部山岳国立公園内、立山の大自然を尊び守ることを徹底し、自然保護意識の推進を図ります。

第三に「地域振興・共生」です。ランニング・登山愛好家や地域住民のみなさんに認められ、喜んでいただけることを目指します。

第四に立山は日本三霊山の一つです。「三十両立（30にして立つ）」という言葉があり、０ｍから３００３ｍの頂上に立って、一人前の越中男子に生まれ変わり、新しい生命を輝かせるチャレンジ精神養います。

望み新たに　スタッフの語り

海－野－山（海抜０ｍ～３００３ｍへ）

利波　紘

大会は、２０１７年で第20回大会を終えました。私の場合、大会との関わりは２００９年～２０１７年で一般ボランティア５回、ウォークの部エントリー１回、実行委員２回の都合８回です（２０１３年荒天中止）。

大会名称のマラニックは「マラソン＋ピクニック」の造語と聞きましたが、その本来の定義は順位・タイムを重視しない娯楽性の高いマラソンで、野山などの景色を楽しみつつ、途中で食事もとるという「ゆるい」感じのアウトドアスポーツのようです。

しかし、そのマラニックに「立山登山を」を冠し、サブタイトルとして「海抜０ｍ～３００３ｍへ」をつけると、とたんに横文字ロゴの「Ｃｌｉｍｂａｔｈｏｎ（クライマソン：ｃｌｉｍｂ＋ｍａｒａｔｈｏｎ）」の持つイメージどおり、市民目線からすれば大変ハードな印象へと変容するのです（現実にマラソンでサブフォー他の資格あり）。

この大会のユニークさは、海抜３００３ｍ地点にゴールを設け、コースのほぼ半分が国立公園内にあることでしょう。この点、一般のウルトラマラソンとの相違点であり、かつ終盤はトレイルランの要素も有するのです。

国立公園内では当然、登山道や周辺植生への影響を最小限にする努力が求められます。昔気質の登山家やナチュラリストから「なにも山で走り回らなくても…」と白い目で見られているかもしれないと思うと、この大会への入り口が自身の登山歴にあることから、葛藤も覚えるのです。

また、お互い了解済みのこととはいえ、荒天により（雄山頂上を諦めて）室堂ゴールを宣するときは、ひたすらに申し訳ないと思ってしまいます。が、これは霊峰立山・雄山頂上をゴールに設定した本大会の宿命ではあるのです。晴天率20％を逆手に取り、室堂（２４５０ｍ）をゴールとしておき、「運が良ければ、オプションとして雄山へ登れる」としたら、魅力は半減するでしょうか？

いずれにせよ、かねてフィールズさんからの提案・問いかけ＝大会コンセプトを奈辺にもとめるかに関して真摯な議論が不可欠と思うのです。

Ｏｎｌｙ Ｏｎｅの大会を目指して

田中基和

立山登山マラニック、この言葉を初めて目にしたのは20年前の新聞紙上でした。海岸から立山山頂まで65㎞、標高差３００３ｍを駆け上がるというスケールの大きさに魅入られ即座に参加を決めました。第１回大会の参加者は54名でした。当時フル以上の経験は無く、脚を痛めていたこともあり、八郎坂を登った頃には限界が近づき、弥陀ヶ原エイドを過ぎてリタイアしました。リタイア第１号です。両足の裏がパンパンに腫れ上がり、歩くのもやっとの状態でした。

失意の日々を過ごしていたある日、１枚のカードが届き中にはＧｒｅａｔ Ｃｈａｌｌｅｎｇｅｒの文字が！「完走できなかったのに讃えてくれるんだ！」と主催者の温かさに感激、私の中で毎年定番の大会になりました。19回大会からは実行委員となり、20回大会では選手と実行委員の二足のわらじ（二刀流？）で関わりました。

スタッフとして大切にしていることは、この大会の独自性です。参加者全員を讃えるという精神と壮大なスケール、ロードがあり登山道あり木道やガレ場の後には山頂からの３６０度の絶景!!　しかし悪天候でコース短縮や中止もあります。自然相手の厳しさや人の温もり、己との闘いを克服した後の達成感等を、一人でも多くの人に経験してもらいたい。そして、参加者のみならず地域の人々とも感動を分かち合い、「また来年も参加したい」とか「今度は選手として出てみたい」と思われるようなＯｎｌｙ Ｏｎｅの大会にしていきたい。そのためには、安全第一を徹底しつつ大会創設時の精神を継承し、他のどこにも無いこの大会のみが持っている多くの魅力を大切にしていこうと考えています。

今後も選手目線の実行委員として、この「立山登山マラニック」を盛り上げていきたいと思います（もちろん完走もしますよ！）。

私の聖地　立山

作田貴子

「立山」は私にとって聖地です。

悩んだりぶれたり疲れてきたら、立山に行くと自分が整います。

そんな立山で毎年「立山登山マラニック」が行われています。

第19回では海から山へ向かう超人が見たくてボランティアに初参加しました。

第20回では海抜０ｍから３００３ｍまで駆け抜ける超人の力になりたくてスタッフになりました。

スタッフになって驚いたこと。

それは、すごく前から打合せをし、すごく細かいところまで話合いをして、沢山のスタッフが方々へ動いているということでした。そして大会終了後は、余韻もつかの間すぐに反省会を行い、来年に向けての話合いが何度もありました。この積重ねのお蔭で第20回まで開催出来たのだと確信しております。

今年（第20回）は何もわからず言われる通りにしか動けませんでしたが、第21回はもっともっと超人の皆さまのお役に立てるよう自ら動き頑張りたいと思います。

春に海外マラソンへ行った際にＰＲ話を聞いてくださった1人の男性が、栃木県から来てくれ、ちゃんと要項を読んでゴアテックスの上下も購入してくれたと聞き、すごく嬉しかったです。

会社の男の子やランニング仲間も参加してくれました。

多くの友達はボランティアに参加してくれました。二つ返事で気持ち良くチラシを置いてくれた接骨院や鍵屋さん他、皆様全員に感謝しております。

本当にありがとうございました。

立山マラニックと私

永原俊幸

１９９６年から、私は健康維持のためにランニングを始めました。まずは5㎞大会から出場するためにトレーニングを開始し、１９９７年に5㎞マラソンのデビューを果たしました。

その後10㎞、ハーフマラソン、フルマラソンと距離を延ばしていきました。その過程で知ったのが、立山登山マラニックでした。知人が立山登山マラニックのボランティアをしており、話を聞く機会がありました。知人の後押しもあり走ってみたくなり、２００４年の第7回大会で念願のデビューをすることが出来ました。初めての出場の時、大会要項を見ていて海抜０ｍから３００３ｍの立山雄山頂上まで走り抜くという事で不安はありましたが、なんとか初出場で完走することができました。

走っている時は、初めての山岳ＲＵＮということもあり苦しかったですが、この雄大な自然の中を走るということは、何とも素晴らしく誰もが経験することが出来ない中、自分は走れているのだという優越感があり、何としても完走するのだという気持ちで走り抜きました。それから、２００４年の第7回大会から２０１４年の第17大会まで出場しました。完走もあり、途中棄権もありでした。途中棄権は大変残念ですが、自分が悪いのでいたし方ないのですが、完走できた時の感動は何とも言い難く、今でも立山を見るたび思い出します。

今はお世話になったマラニックへの恩返しに、実行委員として大会運営のお手伝いと入善楽走会のメンバーと一緒に称名エイドの運営を行っています。雄大な大自然の中を走り抜くというこの大会を、いつまでも続けていかれればと思っていますので、一人でも多くの皆さんに、是非大会にチャレンジしていただきたいと思っています。

マラソン人生に立山登山マラニックへの挑戦！と魅力

飛田久義

常に「挑戦！」を掲げて25年間走って来られたのも、17年前に「立山登山マラニック」との出会いがあったからです。

私にとってのマラニックは、潮の香りから始まる「０ｍ」、滝のしぶきを感じる「１０００ｍ」、森林を抜け「３００３ｍ」の頂上ゴールはジオ（ｇｅｏ）、大地を感じ自然を楽しむそこに自分がいる、最高のパーク（ｐａｒｋ）です。

チャレンジャーとして挑戦していた選手時代は、辛かったこともありました。大会3日前ランニング中に転倒し5針を縫う怪我をしても、痛み止めを飲みながらレースに挑んだこと、今では楽しかった思い出として蘇ってきます。また、マラニックを通じてたくさんの人たちとの出会いがありました。元実行委員長の松原さんをはじめとするスタッフやボランティアの皆さん、そして選手同士のつながりが宝物となっています。なかでも、入善町のマラニックランナーが集まり「入善楽走会」の発足は大きな宝です。BBT富山テレビの特集「立山登山マラニック」に出演させてもらったことで、登山やトレーニング中、レース中なども多くの方から声を掛けて貰っています。

　山は以前から好きで時々山登りはしていましたが、マラニックに参加した時から山を奔走する楽しさを知りました。それからの、夏場のトレーニングは立山を走り廻り、高山植物に癒されながら眼下に富山平野と富山湾の展望、ピークから山々が眺望できるなど、気軽に自然に触れ合える環境に、富山県人で良かった〜と感じます。

　チャレンジャーとして選手を引退した後も実行委員として参加させてもらうことで、立山登山マラニックに関わっていられる幸せを感じています。

立山マラニックと私

飯野　勝

「20周年」、まずもってよく続けられたと思いました。もともとウォーキング冒険塾が、海抜０m〜３００３mの立山山頂、をスローガンに自分の足だけでの踏破をしていました。これにはそれほど違和感なく始め、積極的に活動できました。それがランニングで、しかも「一気にその日のうちに山頂に到着する」活動を、と聞いたときには、無謀だ！危険だ！無理ではないか！　第一に参加者がいるのだろうか？　多分、計画に終わってしまい実現は不可能に違いない、と心に秘めながらの参画、少し後ろ向きの姿勢で係わったことを思い出しています。

　最初の大会は、それでも予想以上に参加者があり、協力者があり、協力も得られ、準備段階から大会のその日が近づくと、予定は決定に、予想は実際に、イメージがオリジナルになってマラニックの大会の姿が見えてきました。大会は、選手やスタッフはもちろんのこと、関係するすべての人が支援（ボランティア、冒険塾の塾生）を土台にしたマラニックという作品、一人ひとりが持ち寄ってマラニックというキャンバスに描く感謝と感動を共有するアートのようなものになっていたのです。回を重ねるごとにこのスピリットは、より一層強く重たく深いものに進化していきました。

　大会実施が8月末になった頃からは、マラニック関係者にとって新しい年中行事になり、形のない芸術作品に仕上がってきたに違いありません。こうした思いが20年も続けられたことに喜びや嬉しさ、楽しさとおもしろさが加わり、重厚な作品になってきたのではと自負しています。立山山頂を借景にしたアート、コースでのさまざまなドラマ、筋書きのないストーリーを20回も作り上げてこられたことに満足しています。20回という節目に当たり、一年３６５日の中心として、これまでもこれからも生きることのランドマークとなっている気がします。

　立山登山マラニック、ありがとう！

回想&逸話

小泉宗政

○参加動機
松原実行委員長の声掛けと、これは「面白そう」と思った好奇心でした。
○初回の感想
・当日を迎えたわくわく感は今でも記憶にあります。前夜から当日にかけ、スタッフAさんを中心に興奮を抑えるため、深酒をしてしまいました。そのため、殆ど眠らないでスタートを迎えました。

・日の出の光の中を走る選手に神々しさを感じました。
・トラブルもなく「立山登山マラニック」が進行していることに感動し、実行委員スタッフへの信頼感を強めました。
・選手とボランティアが一体になって「０ｍから３００３ｍ」をイメージしていることが感じられました。スケールの大きいスペクタクルを味わった気分でした。
・なんといっても初回トップの知野見さんのゴール後のコメント「立山は地獄だと思って来たが、極楽だった」が象徴的でした。名言です。

○逸話

・スタート後、山が悪天候のため室堂で中止となった大会で、八郎坂チェックポイントを担当していました。室堂の実行委員長から中止の連絡が入りましたが、それを知らない選手に伝えるべきか否か?→選手に応じ、目的意識の頑固な人には伝えない、人生を楽しむタイプには伝える、と判断しました。ただし、その実行は至難のことであり、直感で対応したのです。
・雷鳥荘の部屋割を担当した時、選手の事情に忖度（?）せず、氏名のアイウエオ順に機械的に部屋を割ったところ、一室6名全員が全国各地からの「田中」姓になったことがありました。
・同じく雷鳥荘で受付けを担当していて、選手が理由不明で受付けに現れないことが何度かありました。本人の携帯電話番号を提出してもらっていたので、電話を掛けたところ「今、富山駅にいます」とのことでした。遭難でなかったことに安堵すると同時に唖然とすることもありました。

○20周年について

・20年も経っているのに、初回の感動が残っているのは、この「立山登山マラニック」が選手・ボランティア・スタッフなど参加者全員の心のお宝であることの証しです。
・リニューアル実行委員会へのアドバイス
①全員が全体を把握して、自分の担当でない部署についても理解することが重要です。
②みんなでイベントを楽しむ感覚を共有することも大切です。
③スタッフ一人ひとりの人物を理解し、友情を持つことが成功の秘訣です。

　最後に、我々も経験したことですが、この大会は誰かの都合でやっているのではないのです。無理に継続する義務も責任もありません「０ｍから３００３ｍ」を走り抜く夢が夢でなくなったり、大会の継続に負担を感じたときは名誉ある撤退に賛同します。

立山登山マラニック20年記念誌に寄せて

田村哲朗

　初回からスタッフとしてフル回転で参加させてもらい、自身の最優先行事として17年間過ごしたことは、今までの人生最大の思い出であり、誇りでもあります。天候不順で室堂、立山駅ゴールも数回ある中、山頂においては雄大な大自然に抱かれたチャレンジャー達が至福の達成感と感動に打ち震える瞬間を何度も共有できました。

　そんな中、大変なトラブルが発生。あれは２００８年11回目の大会だったでしょうか。

　この年は比較的に好天でスタートしたのですが、ＡＭ11時頃から山頂では天候が急変し厳しい寒波が訪れました（同時刻に東北から北アルプス一帯で数件の遭難騒ぎがあったようです）。8月末なのにタイムを取る手が悴むほどで、社務所の方の機転で地下の部屋でストーブを焚き、軽装の選手を迎えてくれました、この緊急事態に室堂の本部へ「危険だからこれ以上登らせないで」と、そんな携帯電話も強風でなかなか繋がらず、この場の天候悪化をすぐには理解してもらえませんでした。次から次へと到着する選手に対し、先に暖をとり出ていった方があまりの寒さで舞い戻る有様。そんな中、先着の2名が社務所の別室で毛布にくるまって寝ているとの情報が入りました。

　特に男性Ｍさんの低体温症状がひどくて痙攣発作も続き、この状態のままでは、と最悪のことがつい脳裏を過りました。山頂責任者として本部了解のもと大会史上初めて山岳救助隊の要請を決断しました。看護しながらの重苦しい時間が過ぎ、漸く救助隊の2名が到着、状況説明をする間も惜しんで早々に下山準備に入りました。「体温は動いて内から上げよ」の鉄則で比較的軽症の女性も一緒に下山。隊員の一人が重症者を担ぎ、もう一人が命綱で固定し、途中交替を入れながら室堂に到着。立山町から上がってきた救急車で天狗平へ、ヘリポート経由で富山市内の病院へ運ばれました。治療と下界の暖かさですぐに回復され、当日元気に帰宅されたと伺い安堵したことを覚えています。後日、当事者は御礼登山をされたとか。長年の輝く大会史の中でも貴重な、そしてほろ苦い体験でした。

万全を期して臨む大会

大菅正實

第2回大会に私が立山エイド（補給用）の責任者に指名され、仰天しました。松原委員長夫人に手ほどきを受け、選手達の姿がエイドから目に入ったら直ぐに「名前を大きな声で叫び、迎えること」やエイドでの選手への接し方も教わりました。選手達が現れるのを今か今かと待ちました。一度に複数の選手達への対応は正に戦場でした。ボランティア皆でワイワイガヤガヤと選手に話しかけ補給を手助けしました。自然に笑顔が浮かび、声が出てきて頑張ったものです。

他に私の役割は、雷鳥荘での選手の宿泊部屋割りがありました。最初の数年は男女別にゼッケン番号順に割り振っていましたが、福井の東尋坊鉄人会のグループから「雷鳥荘は山小屋、男女同室ＯＫよ！」との意見が出てそれに乗りました。同じグループは全て同室、近い地域の選手達も同室です。過去に立山や他のレースで知り合った選手にもう一度会いたい。話したい等、前もって希望があれば勿論同室にしました。部屋割りの作成には事前に「申込書」を丹念に読み通し調べるきつい作業でしたが、大成功でした。

大会終了後、私達夫婦は雄山に登りました。私達を含め「つわものどもの夢の跡」を辿るためです。毎年、年明けから準備作業に入り、大会数日前が〝山場〟です。作成書類が山盛り……。その準備の元資料作成もかなりの量。〝選手用の袋詰め作業〟を10年強、自宅の部屋をビニール袋だらけにして、汗を垂らし拭きつつ成し遂げました。大会が成功し大満足でした。その後ゆっくりと満ち足りた気持ちで、資料となる出場選手たちの参加歴の整理作業などに取り組めるのです。

立山マラニックに寄せて

小澤真理子

初めて出たかったウルトラマラソン、それが「立山マラニック」でありました。自分のウルトラマラソンの師匠に勧められて、14年ほど前に軽い気持ちで応募いたしましたところ落選。立山マラニックが相当な人気大会で、落選もある、ということを全く理解しておりませんでした。「落選」の衝撃は大きく、世の中には自分のわからない世界がたくさんあるのだと知りました。それがきっかけで次の立山マラニックでは堂々と通るように練習しようと、その後の1年間はくびきの、萩、サロマ、とウルトラマラソンの経験を積み、マラソンを超えた世界の楽しさにどんどんはまっていきました。次の年から現在までに5回走らせて頂いています。また練習に励んだことで速くなり、その数年後オランダの１００㎞世界大会で8時間18分を出せるようになりました。

立山マラニックの魅力は岩瀬浜から称名までの普段の練習がそのまま出るマラソンステージ、八郎坂の登山、高地のバス道の坂を走るしんどさ、ご褒美みたいな室堂から山頂までの登山、このような選手を飽きさせないコース設定と、体力的にもきついであるにもかかわらず、少人数で運営されているスタッフの優秀さ、精神の気高さ、の2点に集約されていると思います。

私はスタッフの方々の気高さに惹かれて、今年からは実行委員としてメンバーに入れていただきました。そして立山マラニックを参考に、南砺市に１００キロマラニックを企画しました。初めて運営サイドに立つことで、改めて長く愛される大会として運営していくことが大変なのかを痛感しました。現在立山マラニックの多くの先輩の方々に南砺マラニックのお手伝いをしていただいています。富山県に誇る立山マラニック。今までの私の人生に大きく関わってきましたが、これからは、これからも、もっともっと関わりたい大会です。

ともに歩む日々

雷鳥荘社長　志鷹定義

立山登山マラニック20周年おめでとうございます。

毎年２５０人〜３５０人参加の大きなイベントが、20年間事故も無く続いていることは、奇跡に近い素晴らしいことです。

20年前、松原氏に初めてマラニックの話を聞いた時は、その頃はトレイルランニングなどまだ普及しておらず、そんな無謀なレースが立山で実行出来るのか疑問に思っていました。

しかし、参加者が増え続け、宿泊人数が一番多い時でスタッフ合わせて約３４０人、雷鳥荘を現在位置に再建してから、１日としての最多宿泊者数になっています。

この日は、米炊きが大変で、いくら炊いても間に合わないとこぼしていました。

立山登山マラニックの日は、例年何故か天気の悪いことが多く、選手が雨に濡れて小屋に到着された時、いつも、スタッフ・ボランティアの方が明るく元気に対応されています。

我々サービス業を生業としている身としても、見習うべき点が多いと考えさせられました。

また、雷鳥荘でお目にかかれるのを楽しみにしています。

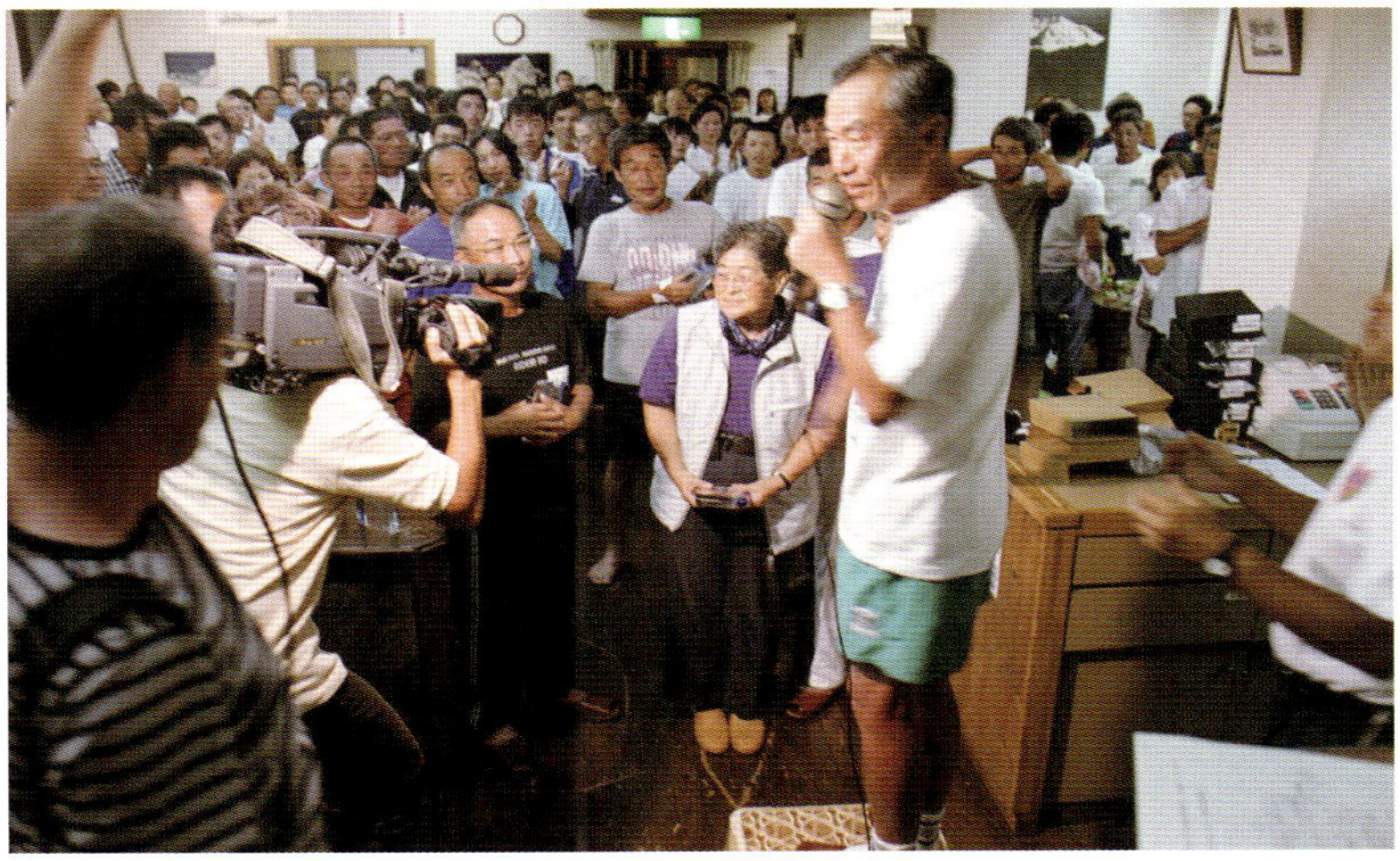

山登山マラニック 完走パーティー

立山登山マラニックとわたし

富山テレビの番組制作に携わって

富山テレビ事業制作部　山本美帆

「すごいレースだな。」

今から20年前、「立山マラニック」というレースを知ったときに思ったことといえば、それしかありません。朝、海抜0メートルの海から走り出した選手が、お昼前には雄山山頂3003mにいるではありませんか！スタートした選手とゴールした選手は別人なのではないかと目を疑いました。

20年前の1999年、それは、私が会社に就職した年。私は初めて「立山マラニック」の番組制作メンバーとして取材に参加しました。「立山マラニック」が始まったのが1998年ですから、2年目の年です。

あれから20年…。

私にとって「マラニック」は、毎年一年に一度の一大イベントとなっています。何度か他の仕事で出られないことがありましたが、17回、18回は取材に関わらせてもらっているのではないでしょうか。

社内でも年に一度の一大イベントで、本社の報道部や制作部に出向で行っているカメラマンやディレクターなども、この日だけは全員「マラニック」のために集まります。昔は、前日に総決起大会だとか言って飲み会まで開き、目をこすりながら取材に行ったことも…。

最初は三脚の担ぎ役、3〜4年生になると弘法で小さなカメラを回させてもらい、それを放送で使ってもらったときの喜びは忘れません。そして、いい思い出ばかりではありません！　山頂の担当で1位のランナーのゴールを撮り損ねたという至上最悪の失敗も…。

取材は10人以上のスタッフで、8台ほどのカメラを出して挑みます。このスタッフを仕切り、何本ものテープをまとめて1時間の番組にまとめるのがディレクターです。代々熟練のディレクターが担当し、憧れの存在でした。

「マラニック」と共に歳を重ねてきた私が、そのディレクターに挑戦させてもらえる日がやってきました。それが、17回大会、前実行委員会が行った最後の大会です。とても大切な大会でした。

この大会を境に、私と「マラニック」の歴史の第2章が幕を開けました。それは、ディレクターをすると「すごい」の中身を自分で探ることができるようになったからです。このレースを作った松原さんの思い…それを支えてきた実行委員の思い…レースをに挑む選手の思い…たくさんのボランティアの思い…そして、沿道で選手を応援する人たちの思い…。そんな思いに触れ、「マラニック」は、私にとって、より特別な存在となりました。

大会も新しい実行委員がそろい、「第2章」が始まっています。引き継いだ人たちの多くは、選手として参加した経験を持ち、「立山登山マラニック」を大切に思っている人たちです。

最初に感じた「すごいレースだな」という思い。それは、大会を知るごとにますます深くすごいレースだと実感させられています。大会は「立山登山マラニック」を愛してやまないたくさんの人たちに支えられています。こんなあたたかなレースは他にはないのではないでしょうか。唯一無二のこの「立山登山マラニック」がずっと続いていくことを願っています。そして、私も、微力ながらこれからもみなさんと一緒に「立山登山マラニックを愛してやまない人たち」の一人として参加させていただけたらと思っています。

富山テレビ　立山登山マラニック番組タイトル

第1回	1998. 9.26	立山マラニック　大自然に挑む人間たち～
第2回	1999. 9.26	鉄人たちの熱き戦い！　～海抜0メートルから3003メートルへ～
第3回	2000. 9.12	立山登山マラニック2000　～グレートチャレンジャー～
第4回	2001.10.22	雲上のゴールをめざして　～富山湾から立山へ～
第5回	2002. 9.16	雲上のランナー　～第5回立山登山マラニック～
第6回	2003.10.13	大自然に挑む鉄人たち　～立山登山マラニック2003～
第7回	2004.10.25	ランナーズ　～立山に挑んだ231人～
第8回	2005. 9.26	極限への挑戦　～第8回立山登山マラニック～
第9回	2006. 9.18	標高差3003m　雲上のゴールを目指せ！　～立山に挑んだ251人～
第10回	2007. 9.24	海辺よりわれ立山の山頂に立つ　～第10回立山登山マラニック記念大会～
第11回	2008. 9.15	立山、そして、自分との闘い　～第11回立山登山マラニックの軌跡～
第12回	2009. 9.23	遥かなる山頂ゴール　～第12回立山登山マラニック～
第13回	2010. 9.20	立山に描く熱き走譜　～海抜0mから3003mへ～
第14回	2011. 9.19	走心、立山へ　～第14回立山登山マラニックの走跡～
第15回	2012. 9.22	走跡　～第15回立山登山マラニック～
第16回	2013. 9.16	立山登山マラニック走跡録　～立山に魅せられたランナー～
第17回	2014. 8.13	海抜0mからのチャレンジャーたち　～ありがとう！立山登山マラニックの17年～
第18回	2015. 9.27	この山の伝説には続きがある　～立山登山マラニック　第2章始動！～
第19回	2016. 9.25	海抜0m～3003mへ　生きている証を求めて ～第19回立山登山マラニック　強者たちの夏～
第20回	2017. 9.24	誇り高きチャレンジャーたち　～立山登山マラニック　第20回記念大会～

（日付は放送日）

風になり駆け上がれ

立山登山マラニック　あすスタート

日本海岸から北アルプス・立山山頂の雄山神社（標高三、〇〇三㍍）のゴールまで一気に駆け上がる「立山登山マラニック」が九月二日に行われる。今回は、全盲のランナー宮本武さん(六三)＝大阪市＝も挑戦、二人の伴走者とともに頂上を目指す。

スタート前に、鉄人たちは気勢をあげる＝1999年9月4日、富山市浜黒崎の浜黒崎海岸で

全盲ランナーも挑戦　伴走者2人と頂上めざす

大会は、富山市内の会社員松原和仁さん(五三)の発案から生まれた。出場したホノルルマラソンで、ボランティアたちから受けた温かいもてなしに感動し、「富山でも、雄大な地形を生かしつつ、そうした大会を開きたい」と思い立ち、マラソンとピクニックを合わせた「マラニック」とした。

三年目となる今年は、二十三歳から六十六歳までの二十七都府県の百二十七人の「鉄人」が参加する。富山市の浜黒崎海岸から常願寺川沿いに進み、称名滝や立山黒部アルペンルートを経て立山を上る。コースの全長は六十五㌔になる。

運営は、松原さんの会社やランナー仲間約百人のボランティアが行う。コース途中の休憩所では、地元特産の呉羽ナシやおにぎりなどの差し入れもある。

ゴール後には、立山の雷鳥沢の雷鳥荘で打ち上げもあり、大会のアットホームな雰囲気が好評で、連続して参加する人も多い。

出会いとふれあい求め

今回は「雄山の背を高くするため修験者たちが石を持って登頂した」という伝説に基づき、立山から常願寺川に運ばれてきた小石を、各自が頂上まで運ぶという趣向も検討している。

今回参加する全盲のランナー宮本さんは「障害の有無にかかわらず手をつないで大きな輪を作りたい」がモットー。昨年は二カ月かけてマラソンで日本縦断などを果たしている。

「全盲と聞いて、頭から参加を断られることが多い中、スタートラインに立たせてもらえることがうれしい。山を登る怖さがないと言ったらうそになるが、転んで当たり前。出会いとふれあいを求めて楽しみたい」と話している。

スタートとゴールの標高の差では、三千六㍍もある「富士登山マラソン」が有名だが、海から山頂までを駆け上がるコース設定は富山県ならではだ。

スタートは午前四時。途中まで松原さん手作りのたいまつに先導され、鉄人たちが立山を目指す。

2000年9月1日(金)　朝日新聞

標高差3003㍍ 健脚競う

立山登山マラニックに231人参加

立山山頂を目指し、一斉にスタートする出場者＝午前4時、富山市の浜黒崎キャンプ場

トップは大利さん(富山)・肥田さん(滋賀)
7時間で雄山山頂に

立山登山マラニックが28日行われ、富山湾から立山山頂までの標高差3003㍍、距離約65㌔を走るマラニックの部と、今回から新設した約30㌔のウオークの部の計231人が健脚を競った。

県内外から21―69歳の男女が参加。マラニックの部は、たいまつを持った松原和仁実行委員長を先頭に、富山市の浜黒崎キャンプ場を午前4時にスタート。立山連峰を眺めながら常願寺川堤防を走り、八郎坂、弥陀ケ原、室堂を通るコースで、富山市の大利朋之さんと滋賀県の肥田嘉文さんが、トップの約7時間で雄山山頂に到達した。

ウオークの部は午前6時に立山駅前をスタートし、同じコースで山頂にたどり着いた。

2004年8月29日(日)　北日本新聞

水曜インタビュー

立山登山のマラソン大会運営　松原　和仁氏

海抜ゼロ㍍から三千三㍍の立山山頂までの約六十五㌔を走破する「立山登山マラニック」が二十八日、富山湾の常願寺川河口から例年通りスタートする。七年目の今年は立山駅前から山頂まで歩く「ウォークの部」を設け、合計約二百三十人が選手として参加する。大会の醍醐味（だいごみ）などについて、同マラニック実行委員会の松原和仁委員長に聞いた。

（まつばら・かずひと）1947年（昭22年）富山県生まれ、57歳。金沢大法文学部卒。損保ジャパンを経て2003年から損保ジャパン代理店の北陸保険総合センター代表。富山ウォーキング冒険塾塾長も兼任。

限界超えゴール、感動大きく

——立山登山マラニックを始めた経緯は。

「マラニックとはマラソンとピクニックを組み合わせた言葉だ。そもそもの始まりは一九九五年に私が立山登山マラニックと同じコースを歩く『富山ウォーキング冒険塾』をつくったこと。ただもともとアマチュア・マラソンをやっていたこともあり、三年目になって富山の大自然を生かしてマラソン大会をやりたいと思った。初回の参加は五十四人だったが、今では二百人前後の選手が参加している」

——コースと仕組みは。

「まず常願寺川河口のある浜黒崎キャンプ場を出発し、立山駅前を通り、称名滝、八郎坂、室堂を経て立山山頂に至る。常願寺川沿いに源流を探るような大会だ。午前四時から午後四時までの十二時間が制限時間。途中に〝関門〟があり、称名滝と室堂にそれぞれ午前十時、午後二時までに到着できない場合はそこで終了となる。午後四時に山頂に着けない場合も同じだ」

「ゴールした時の感動は大きい。自分の限界を乗り越えて登ったという実感が味わえる。大会参加者は中高年層、特に五十代以上の人が多い。また約二百人のボランティアが飲料水の補給や道路案内などで協力してくれている」

——今年は「ウォークの部」を設けた。

「最近の市民マラソンでは、ウオーキング部門を併設する例が徐々に増えている。当大会でもマラソンとウオーキングを併設し、互いの交流を促す。大会終了後の午後八時からは立山の民宿『雷鳥荘』で交流パーティーを開く。選手として参加した人は、参加費用そのものに宿泊料が含まれているため、半強制的な参加とも言えるが、互いの頑張りをたたえ合い、次なる目標をつくるいい機会だと思う」

——大会を進める上での苦労は。

「けが人が出ないようにすることが大切だ。ゴール直前の室堂には医師一人と看護師の女性一人、弥陀ケ原と称名滝付近には看護師の女性を一人ずつ配置している。いずれもボランティアの人だ。急こう配の個所もあるほか、天候も変わりやすい。天候次第では危険が高まるため、安全確保には万全な対応を取る」

安全の確保大事に

〈ひとこと〉走りながら登山する大会としては富士登山競走が有名だが、立山登山マラニックは標高差で富士登山競走の三千八㍍とほぼ同じ三千三㍍。海から山の頂上まで登れるという意味では国内唯一の大会。「まさに富山ならでは」と松原氏は強調する。

参加者は年々増え、今では二百人を超えるほど。それだけに安全で楽しい大会にすることが大事。実行委員会はこれまでに第三回と第六回を天候不順で途中で中止にした。「感動とロマン」（松原氏）を味わうためには、難しい判断も避けて通れない。

（富山支局　福士譲）

2004年8月25日（水）　日本経済新聞

標高差3000メートル駆け抜ける

立山登山マラニック　県内外288人山頂目指す

富山市の海岸から雄山（標高3003㍍）まで1日で走り切る「立山登山マラニック」が26日行われ、県内外の288人が雄大な景色を楽しみながら山頂を目指した。

体力の限界に挑戦しながら、富山の大自然を体感してもらおうと実行委員会（城正幸委員長）が1998年から開催。今大会で20回目を迎える。富山市の浜黒崎海岸から約65㌔を走るマラニックの部に237人、立山駅から約30㌔を歩くウォークの部に51人が出場した。

マラニックの部は浜黒崎キャンプ場で開会式を行い、城実行委員長が「この大会を20回目までつなげることができてうれしく思う」とあいさつ。出場は2回目という南砺市梅ケ島の会社員、柴田太志さん(30)は「きれいな風景を眺めながら、最後まで走り切りたい」と力を込めた。午前4時、たいまつを持った松原和仁前実行委員長を先頭に一斉に走り出し、同10時55分ごろに先頭がゴールにたどり着いた。北日本新聞社後援。

真っ暗な中、一斉にスタートを切る出場者＝26日午前4時、浜黒崎海岸

2017年8月27日（日）　北日本新聞

次のステージへ

最高の感動をもたらす 厳しくハードな大会

第20回大会実行委員長　城　正幸

私は選手としてこの立山マラニックを15回走りました。第二ステージの再生第18回大会の後、19回、20回そして第21回大会の実行委員長という大役を仰せつかりました。一人の選手でしかなかった自分ですが、「この素晴らしい大会を、後世に、未来に繋ぎたい」、その一心で引き受けさせていただきました。

　この大会の魅力は一泊二日で雷鳥荘での温泉や懇親会があり、標高2500mの雲上の朝夕の景色の中に浸れることです。もちろん選手のみなさんには、フルマラソンの体力と共に、登山の筋力や技術、山の天候の変化に対処する知識や装備など、通常のマラソンには無い力量が必要となります。そして何より、山の天候次第ではレースの打ち切りの可能性もあり、皆さんの実力だけでなく、時の運にも左右されてし

大会概要

第21回 立山登山マラニック

開催日	**2018年8月25日（土）**
スタート会場	富山県　富山市・浜黒崎キャンプ場（マラニックの部）、立山駅前（ウォークの部）
ゴール会場	日本百名山　立山主峰　雄山山頂（標高3,003m）

種目	マラニックの部	ウォークの部
距離	約65km	約27km
スタート時間	4:00	6:30
制限時間	11時間	8時間30分
高低差	3,003m	2,500m
募集人数	宿泊190名 日帰り60名	宿泊60名 日帰り10名
参加費	宿泊 28,000円※ 日帰り 22,000円	宿泊 23,000円※ 日帰り 17,000円

雷鳥荘宿泊コース参加費

大会後の雷鳥荘での宿泊・懇親会、無料バス（富山駅付近から浜黒崎、リタイヤ時の室堂への移動、翌日の室堂からの下山）への乗車を含む。
（※7月12日から7月25日の期間にキャンセルの連絡があった場合のみ参加費の一部を返金します。）

日帰りコース参加費

無料バス（富山駅付近から浜黒崎、リタイヤ時の室堂への移動、当日の室堂からの下山）への乗車を含む。

参加資格

1．20歳以上の健康な男女
2．3,000m級山岳への登山経験者
3．フルマラソン4時間以内またはウルトラマラソン完走経験者（共に2年以内）【ウォークの部は標準コースタイム8時間以上の登山コースを踏破できること。】
4．参加誓約書の提出
5．制限時間内にゴールする体力・気力・自信のあること
6．山岳地で起こりうる様々な自然環境の変化に適切に対応できること
7．スポーツマンシップ、交通安全、登山マナーを身に付けていること

募集期間	2018年5月13日（日）～7月8日（日）
主催	**立山登山マラニック実行委員会**
後援	富山県、富山市、立山町、富山テレビ放送、北日本新聞社、立山黒部ジオパーク協会
協賛	ブルックス、雷鳥荘、イズミ、キョーエイ、浜黒崎キャンプ場
協力	富山県内のランニング・ウォーキング・登山愛好家のみなさま

マラニックの部スタート 4：00
浜黒崎海岸キャンプ場　海抜 0M

→常願寺川左岸堤防沿い（今川橋）
→大日橋　給水ポイント（約11㎞）
→雷鳥大橋を渡り右岸へ
→岩峅寺雄山神社　エイド（約20㎞）
→立山橋を渡り左岸へ
→かすみ橋橋詰　給水ポイント（約31km ）
→芳見橋を渡り右岸へ
→芦峅寺雄山神社
→立山大橋を渡り左岸へ
→立山駅　エイド（約39㎞・関門時間 5時間30分）

ウォークの部スタート 6：30
立山駅

→藤橋を渡り称名川右岸へ
→称名　エイド（約46㎞・関門時間 6時間30分）［約8km・関門時間 4時間］
【この先は、防寒具・雨具を携帯すること。】
→称名川沿いを飛龍橋から八郎坂へ（高低差約500m非常に急な登りの登山道です。）
→弘法　エイド（約50km）［約12km］
→木道を追分へ
→弥陀ヶ原　エイド（約53㎞・関門時間 8時間30分）［約15km・関門時間 6時間］
→天狗平
→室堂　エイド（約60㎞・関門時間 9時間30分）［約22km・関門時間 7時間］
→室堂平から一の越へ（約63km・関門時間 10時間20）［約25km・関門時間 7時間50］
【一の越より先はストックの使用を禁止します。】
【一の越より先は歩行区間となりますので、走行を禁止します。】
→登山道を山頂へ

ゴール
北アルプス立山・雄山山頂　海抜 3,003M（約65㎞・制限時間 11時間）［約27KM・制限時間 8時間30分］

まいます。厳しくハードな大会である分、完走した際の達成感や充実感は、皆さんに最高の感動を与えてくれるものと思います。

大会に対する目標は、最速を目指す方、自身の限界を試す方、大会を目いっぱい楽しむ方、それぞれかと思いますが、マラニックの語源のとおり、決してゴールを目指すだけではなく、スタートの浜黒崎海岸から見る富山湾の夜景、常願寺川、立山連峰から昇る朝日、悪城の壁、称名滝、八郎坂、弥陀ヶ原の高原、雄山や剱岳の雄大な山容、足元の草花や残雪、そしてゴールの頂上からの絶景など、この大会でしか見ることの出来ない素晴らしい景色を楽しんでください。

大会規則

コース短縮、制限時間の繰上げ、大会中止

気象・地震・津波・噴火等の注意報・警報が発令されたときや、気象条件・事故・コース障害等により運営環境が悪化し十分な安全確保が見込めないと判断した場合にはスタート以前の中止、または大会途中においてもコース短縮（ゴール地点変更）、関門制限時間の繰上げ、大会中止を決定する。

参考：20回までの山頂ゴール催行率は60%

参加費

参加権を得た選手でも、納期までに参加費を納めない場合、権利は消滅します。

※7月12日から7月25日の期間にキャンセルの連絡があった場合のみ参加費の一部を返金します。

主催者への損害賠償不可

主催者は大会中および大会前後の怪我、病気またはその他損害についての責任は負わない。

雨具（防寒具）の必携

山岳地帯の風雨に耐えられるゴアテックスあるいはそれと同等の防水素材のもの、ウインドブレーカー等は不可（霧の中でも目立つカラフルなものを推奨する）。

チェックポイント①　「称名エイド」

チェックポイント②　「室堂エイド」

雨具を携行または着用しない選手は出発できない。
（エイド出発時にスタッフが雨具の携行をチェックする。）

リタイヤ

競技中、自らリタイヤする選手は大会関係者に、ゼッケンを1枚提出して、リタイヤの旨を知らせ、指示に従う。

記録

順位の記録はとるが、表彰はしない。

ルールの厳守

選手は主催者および大会関係者の発するルール、指示を厳守しなければならない。規則違反、過度の疲労、事故等の理由で競技続行に支障があると判断した選手に対しては競技中止を命令する。

交通安全環境への配慮

選手は本大会が一般道路および国立公園内の登山道等を利用して開催されることをよく理解し、主催者および大会関係者による案内・指示・注意などの有無にかかわらずマナーを守り安全を確保しながら行動する。

※一ノ越、雄山山頂間はストックの使用禁止。ランニング禁止。

スポーツマンシップ

選手は自己の責任において体調を維持し安全管理を怠らず行動する。スポーツマンシップの精神にのっとり危険行為や大会運営に支障が起こるような言動は慎む。

選手へのサポート

荷物の搬送

大会中必要な荷物は各自で携行して下さい。貴重品を除くそれ以外の荷物は称名・室堂の両エイドへ選手荷物を一人につき各１個ずつ（ウォークの部は室堂へ１個）、主催者側で搬送します。
山頂ゴールした選手は順次下山し室堂にて荷物受取後、雷鳥荘へ向かってください。途中リタイヤした選手は収容車等にて室堂へ移動し荷物受取後、雷鳥荘へ向かってください。

コース案内

選手の誘導・安全確保のためコース上に適宜、立哨を配置します。

補給

エイドにてボランティアスタッフが給水・補給食の提供を行います。

ただし、一ノ越・雄山山頂には大会スタッフを配置するが、給水・補給食の提供をしないので、選手自身で室堂から食料・水分を携行して下さい（一ノ越山荘・山頂社務所の売店利用は可）。

リタイヤ

マラニックの部	3:10～3:40	参加誓約書の提出、称名・室堂エイド行き荷物預け（浜黒崎キャンプ場 事務所前）
	4:00	スタート
	15:00	ゴール（最終制限時間）

※スタート地点の浜黒崎キャンプ場へは富山駅近くホテルリラックスイン前2：40発の大会バス利用（無料）またはマイカー（駐車料500円：約100台）にてアクセス出来ます。

ウォークの部	5:45～6:15	参加誓約書の提出、室堂エイド行き荷物預け（立山駅前）
	6:30	スタート
	15:00	ゴール（最終制限時間）

※スタート地点の立山駅前へは駅周辺で前泊又はマイカー（駅周辺に無料駐車場あり）にてアクセス出来ます。

マラニックの部
ウォークの部
共通

- ゼッケン・荷物預け用袋・大会パンフレット・参加誓約書等の受付品一式は事前に発送します。
- 大会当日、各スタート場所にて参加誓約書を提出してください。
- ゴール後の雄山山頂から各自下山し、室堂で手荷物を受取った後、宿泊先の雷鳥荘へ移動します（室堂より徒歩で30～40分）。
- 1泊2食滞在（温泉入浴・夕食・歓走パーティー・朝食）
- 下山バスは翌朝（8月26日）午前9:00に室堂より出発します。
  行先・到着予定は立山駅10:10、富山駅11:10、浜黒崎11:40。
  ※いずれも予定であり、詳細については別途参加選手へお知らせします。

日帰りコース
共通

日帰りコースのバス運行予定は次の通りです。

①15：00　室堂発　－　16：10　立山駅着
②16：30　室堂発　－　17：40　立山駅着
③17：00　室堂発　－　18：10　立山駅着　－　富山駅経由　－　19：10　浜黒崎キャンプ場着

※　「日帰りの部」選手は乗車時にゼッケン番号をスタッフに告げて下さい。
※　バス①，②は立山駅止まりです。
※　バス①，②は、ボランティア及び「日帰りの部」選手で満席になり次第、出発します。
※　バス③は、「日帰りの部」選手全員の乗車を確認し出発します。

南砺100キロマラニック

小澤真理子

南砺100キロマラニックは平成30年6月3日に開催されました。準備期間が10か月と短い中強行で開催し、たくさんの問題点はありましたが、それでもランナーとボランティアさまから、喜びの声をたくさんいただきました。

それも立山マラニック実行委員の方のアドバイスを得て、たくさん協力していただいたおかげと感謝しております。ありがとうございました。

南砺100キロマラニックのきっかけはお兄様である立山マラニックです。南砺100キロマラニックは妹です。伝統ある立山マラニック、これを見習って富山県の呉西でもできたらいいなあ、それで富山県の良さをみんなに知らせたい、喜ばせたいという思いでつくりました。

南砺市は富山県でも訪れたことがない方がたくさんいますが、想像以上に素敵なところです、立山の男らしいかっこいい大会に比べると、南砺マラニックの景色は可愛らしく美しく柔らかな女性的なイメージです。ただしコースは厳しいですが。

南砺マラニックのコースは世界遺産である五箇山から利賀、庄川沿いを走り、ここまではアップダウン激しく、それから平野部へと移ります。歴史ある井波、城端を駆け抜けます。併設した50㎞マラニックは南砺市内を一望できる閑乗寺公園から平野部のみのコースで、ウルトラマラソン初心者やフラットコースが好きな方はそちらも選ぶことができます。

第1回ということもあり今回は前夜祭も行い、地元の食事やお酒を振る舞いました。サックス演奏や地元出身のお笑い芸人さんのトークショー、地元の太鼓演奏もやっていただきました。

レース当日は暑くなって完走率も54%と低かったですが、エイドのおかげで助かったという声もいただきました。

南砺マラニックの運営は立山マラニックに比べるとはるかに未熟でもたもたです。厳しいお怒りの声もありました。これから精進していきたいと思います。

ご協力していただいた立山マラニックの実行委員会の方々に心から感謝しています。

ありがとうございました。

砺波平野の散居村

大会概要

開催日　２０１８年６月３日（日）
スタート地点　１００キロの部　タカンボースキー場
　５０キロの部　閑乗寺公園
ゴール地点　１００キロ・５０キロ共に
　福野行政センター
時間　１００キロ：４時３０分スタート
　５０キロ：１０時３０分スタート
　１００キロ、５０キロともに
　夕方６時３０分ゴール閉鎖
　※アーリースタートあり
定員　１００キロ　定員２００名
　５０キロ　定員１００名
主催　南砺１００キロマラニック実行委員会

あとがき

　参加選手３００名前後の小さな大会、立山登山マラニックが20年間も続いてきた秘密を書き記す時をむかえました。20年続いて浮かんできた思いは「走る。歩く。登る。」というシンプルな言葉です。自然に向かう人間の本能、人間の備えている野生、身体の複雑な機能性などがからみ合って、走る！歩く！登る！という動作が大自然の中に表現されます。人間はなぜ走るのか、歩き、登るのか、それは頭で理解、納得することではなく、海と大地と山に向かって体験し、挑戦してはじめて「生きがい」「輝く命」に出会うのです。

　第１回大会から20回大会までチャレンジャーは３７１９名に至り、ゼッケンもトータルナンバー３７１９番を記しました。挑戦した選手たちが獲得した、生きがいと感動をまとめた記録がここにできました。毎年積み重ねてきた選手、ボランティア、関係者の感動を忘れることなく、思い起こす記録本となればと思います。この本を種本にして私たちの未来へと想像を膨らませて下さい。第１回から行政また企業や補助金などに頼らなかった大会であるゆえ、記録や整理をきちんとしませんでした。編集の後半になって、あれも、これもと走馬灯のようにめぐりましたが、掲載する資料がでてこなかったり、一方福井の東尋坊鉄人会から写真など沢山の情報をいただきながら割愛せざるを得ませんでした。制限された中での20周年記念の作品が仕上がりました。当時の一コマ一コマを思い出していただければ幸いです。

立山登山マラニック20周年記念誌
編集委員　松原和仁

協力者一覧

協賛

損保ジャパン日本興亜保険（旧安田火災）／富山テレビ放送／富山テレビ事業／雷鳥荘／リードケミカル／ＭＡＭＭＵＴ／イズミ／北陸コカコーラ

後援

富山県／富山市／立山町／北日本新聞社／立山黒部ジオパーク協会

編集協力 写真提供

牧野義和／吉井亮一／井上千二十四／山井武／大森弘一郎／富山県［立山博物館］／とやま観光推進機構／富山県中央植物園／立山黒部貫光／富山観光出版社

編集スタッフ

森口博（制作ディレクター）／川上秀明／井上瑞穂／平野愛／安藤美根子／三浦浩一

走る、歩く、登る　そして輝く命　**立山登山マラニック**

発　行　2018年８月15日
編　者　立山登山マラニック実行委員会
発行人　松原和仁
発行所　萌友出版
〒710-0261　岡山県倉敷市船穂町船穂2095-11
086-552-9494　https://www.tama-katsu.com
印刷所　株式会社玉島活版所

お問合せ先　立山登山マラニック実行委員会　松原和仁
〒930-0036　富山市清水町2-4-8
076-423-6787　FAX 076-423-6797